# Petit manuel de la transition

*(nouvelle édition augmentée)*

**Attac**

# Petit manuel de la transition

*(nouvelle édition augmentée)*

## Pour toutes celles et ceux qui aimeraient mais doutent qu'un autre monde soit possible

ÉDITIONS LES LIENS QUI LIBÈRENT

ISBN : 979-10-209-0394-5

# Sommaire

# Les clés pour comprendre cet outil

Cet ouvrage est la seconde édition, profondément actualisée, d'un outil réflexif élaboré par Attac pour toutes celles et ceux qui voient venir les catastrophes mais ne sont pas certains qu'elles puissent être évitées.

Il veut fournir non seulement des analyses mais des pistes concrètes d'actions, ici et maintenant, pour résister, désobéir à cet état illégitime des choses et construire des alternatives.

Il est possible de le lire d'un trait, ou par petits bouts en fonction de vos besoins. Par exemple, lorsque vous entendez un économiste ou un élu *« responsable »* expliquer qu'il n'y a pas d'alternatives à l'austérité ou à la réforme du Code du travail. Pour interpeller un.e citoyen.n.e effrayé.e prêt.e à sacrifier ses libertés au prétexte de la sécurité. Pour convaincre un.e syndicaliste que la transition écologique n'est pas une menace pour l'emploi, ou un.e écologiste que défendre l'emploi n'est pas forcément nuisible à l'environnement.

Du local au global, à court terme ou à plus long terme, les propositions ici présentées demandent à être articulées pour se renforcer les unes les autres et s'inscrire dans un choix de société qui pose les bases d'une véritable émancipation humaine. Elles s'articulent autour de 6 grands thèmes : finance, austérité-compétitivité, transition écologique, relocalisation, égalité réelle, démocratie.

Pour chaque thème, nous vous proposons quatre points d'entrée :

### Pourquoi ?

Une explication claire des enjeux liés à la question.

### C'est possible dès demain

Les mesures qu'un gouvernement progressiste pourrait mettre en œuvre immédiatement, par simple décision politique.

### C'est nécessaire juste après

Les transformations plus structurelles qui peuvent s'inscrire dans un horizon de quelques années.

## Nous pouvons le faire sans attendre

Nous, citoyen.ne.s et mouvements collectifs, pouvons et devons agir dès maintenant, sans attendre des changements politiques majeurs, mais dans le but de les faire advenir. Car la transition sociale et écologique a déjà commencé dans les luttes sociales et les initiatives citoyennes, et aucun changement politique au sommet de l'État n'aura de portée s'il ne devient le relais et l'instrument de ces luttes et de ces initiatives individuelles et collectives.

# Introduction

Le constat est en train de s'imposer bien au-delà des sphères militantes habituelles: notre système de compétition féroce et mondialisée fonce dans le mur. La marchandise s'insinue partout, les dégâts sociaux et écologiques s'accumulent, les inégalités explosent, la démocratie devient une coquille vide.

Les puissants, en panne de promesses crédibles, en viennent aux pires manipulations – xénophobie, état d'urgence permanent, politique de la peur – pour sauver la légitimité de ce système qui fait craquer les sociétés et la planète de toutes parts. Mais leur inaction irresponsable sape les bases mêmes de la vie sur terre. De G20 manqués en sommets climatiques insuffisants, la crise économique, sociale, écologique, démocratique et géopolitique ne fait qu'empirer. Au point que le mot «crise» perd son sens: il s'agit bien plutôt d'un effondrement civilisationnel qui a commencé. Des régions du monde vivent déjà dans le chaos, la désorientation et l'insécurité des peuples s'aggravent, la souffrance et la colère également. Partout l'assèchement démocratique fait prendre au moment électoral l'allure d'une pantomime, quand les « représentants » rendent leurs comptes bien plus aux marchés, aux transnationales et à leurs actionnaires qu'aux citoyens.

## Prospérité du capital, désolation de la société

Le quinquennat de François Hollande l'a confirmé au-delà de toutes nos craintes : l'oligarchie se revêt indifféremment des oripeaux de la droite ou de la gauche pour mener sa politique, au service de ses seuls intérêts. Loin de mettre un terme à l'hégémonie de son « adversaire » la finance, le président Hollande n'a gouverné que pour elle et le patronat, dans l'espoir chimérique que la prospérité du capital permettrait de relancer la croissance et l'emploi. Au nom de la compétitivité, divinité suprême, on a sacrifié les urgences sociales et écologiques. A l'unisson de l'Union européenne, nos gouvernants n'ont d'autre horizon que de faire payer aux populations les dégâts d'une finance prédatrice. Travail, emploi, services publics, protection sociale, nature, démocratie, tout est subordonné aux exigences des actionnaires et des créanciers. La concurrence de tous contre tous, la guerre contre la nature, détruisent le lien social, menacent la vie, provoquent le cynisme des gagnants et l'aigreur des perdants.

## Le gouvernement par la peur

Le mythe de la «mondialisation heureuse» a eu une courte vie. Certes, les pays émergents ont connu jusqu'à récemment une impressionnante croissance économique, aujourd'hui en berne. Mais celle-ci a surtout profité au bonheur des classes privilégiées et se heurte aujourd'hui à ses limites économiques et écologiques. La stratégie des transnationales à la recherche de main d'œuvre bon marché a certes abouti à la création de nombreux emplois salariés dans les pays du Sud, notamment pour les femmes. Mais dans de telles conditions d'exploitation, et au prix d'une telle concurrence entre salarié.e.s de la planète, qu'il est difficile de parler d'avancée. D'autant que cette mondialisation a accéléré le saccage des ressources naturelles et des écosystèmes, initié depuis deux siècles par les pays industriels. Le réchauffement climatique s'accélère et menace d'échapper à tout contrôle.

En Afrique et au Moyen-Orient, malgré les aspirations démocratiques des populations qui ont renversé des dictateurs, la crise économique et climatique, l'arrogance des pays riches et l'absence d'espoir attisent l'instabilité, la prédation, l'islamisme et le djihadisme. Des millions de migrant.e.s sont jeté.e.s sur les routes et sur les mers, et traité.e.s en parias par l'Union européenne.

Alors que la poursuite de la mondialisation économique apparaît comme un cauchemar politique, social, écologique, la seule perspective qu'offrent les oligarchies européennes à leurs peuples est d'approfondir la globalisation et le sacrifice des droits sociaux civils et humains, pour lutter à armes égales dans la concurrence mondiale, et se protéger du terrorisme et des migrant.e.s. Les djihadistes qui ont commis les attentats de 2015 en France ont fourni l'occasion de décréter un état d'urgence permanent, de restreindre les libertés, de mettre en œuvre une véritable « stratégie du choc » et un gouvernement par la peur.

Nous avons affaire à une crise de civilisation, inédite par son ampleur et par sa brutalité, qui touche les valeurs essentielles de la vie en commun et les liens qui rendent possible la vie en société et la vie tout court.

La finance parasite, sauvée par l'argent public, à nouveau triomphante ; ses dettes payées par ses victimes ; la précarité, l'insécurité, les inégalités érigées en système, qu'on déplore du bout des lèvres tout en le jugeant inéluctable ; l'étranger, le juif et le musulman stigmatisés ; les territoires – de la Grèce à la Libye en passant par la Syrie, le Mali… dépecés ; la démocratie asséchée ; les ressources naturelles saccagées ; le climat déchaîné ; la guerre économique organisée ; bientôt la guerre tout court ?

Nous ne sommes pas seulement face à un défaut de régulation, à des erreurs stratégiques qui pourraient être amendées, mais aussi face à la crise d'un système qui conduit à sacrifier les êtres humains et leur environnement naturel. Que faire ?

## À quels niveaux agir ? Tous !

La violence de l'effondrement du capitalisme néolibéral était prévisible, et nous l'avions prévue. Cependant l'empilement des situations d'urgence rend difficile une mise en cohérence des solutions. La peur pousse au repli sur soi. La tentation est grande de désigner des boucs émissaires et de croire à des solutions « nationales ».

La crise globale n'est pas une addition de crises nationales dues à des problèmes internes. Il est donc essentiel de porter la lutte partout où cela est possible, d'opérer les ruptures et bifurcations à chaque fois que c'est réalisable. Que ce soit au niveau local, national, continental ou mondial, chaque lutte apporte sa contribution, dès lors qu'elle accroît le pouvoir d'agir des dominé.e.s et sape la croyance religieuse en un progrès matériel infini. Des peuples d'Amérique du Sud remettent en cause le modèle basé sur l'extraction des matières premières ; des luttes sociales et écologiques se développent en Europe du Sud et de l'Est ; les aspirations démocratiques sont réprimées mais demeurent vives après le printemps arabe ; même en Amérique du Nord, la finance et l'extractivisme sont mis en accusation. La vague des mouvements Indignés / Occupy pour la démocratie réelle a déferlé sur le monde depuis 2011 et atteint enfin la France en 2016 avec Nuit Debout. La coordination et l'hybridation de ces luttes, en lien avec le mouvement altermondialiste global, sont des leviers essentiels qui permettront une réelle transformation de la société en créant les rapports de force nécessaires.

L'altermondialisme est plus que jamais un projet vivant, porteur d'un universalisme concret, fondé sur la diversité du monde et des expériences, sur la coopération des peuples et sur l'abandon de l'anthropocentrisme. Il exprime l'aspiration à une égale liberté pour les êtres humains, dans la reconnaissance des limites matérielles à l'expérience humaine.

## Pour le projet d'autonomie : la désobéissance

Nous nous inscrivons résolument dans un projet de réorientation profonde de la société : la trajectoire actuelle de l'humanité est insoutenable, il faut bifurquer, et vite. Sortir de l'austérité imposée et du productivisme aveugle pour choisir la sobriété joyeuse et partagée.

Nous proposons ici une vision et des pistes d'action qui sont le fruit des analyses et de la réflexion collective d'Attac, et correspondent selon nous à l'urgence de la situation. Il faut ouvrir des brèches dans ce « réalisme » préfabriqué qui fait du capitalisme néolibéral – éventuellement « régulé » – l'horizon ultime de l'histoire. Vis-à-vis des générations présentes et de celles qui nous suivent, nous avons le devoir absolu de résister à la destruction du monde vivant. Notre-Dame des Landes, Sivens, Sommet des pollueurs à Pau, mines de charbon en Allemagne, faucheurs de chaises et lanceurs d'alertes, blocages de lieux stratégiques pour contrer des lois injustes et cet état d'urgence permanent, et pour que les lignes rouges d'un futur juste et durable ne soient jamais franchies nous sommes légitimes à employer des méthodes de désobéissance non-violente face à ces institutions post-démocratiques qui ne nous rendent plus de comptes.

Nous ne partons pas d'un projet théorique *a priori* ni de la recherche d'une pureté révolutionnaire, mais des luttes réelles contre toutes les formes d'asservissement et de domination, et de plus en plus, des expériences alternatives concrètes, visibles ici et maintenant, afin de relancer le grand projet, aujourd'hui en panne, de l'autonomie individuelle et collective, de l'émancipation vis-à-vis de toutes les dominations, de classe, de genre, de « race ».

# I

# Défaire le pouvoir de la finance

## Pourquoi ?

Pendant trois décennies le capitalisme financier, favorisé par des gouvernements inféodés, a envahi tous les aspects de nos vies. Il a pu ainsi asseoir son règne sans partage et s'approprier les richesses produites par le travail tout en continuant à dévaster la nature, au profit d'une mince couche de privilégiés, dirigeants de la banque et de la finance, dirigeants des transnationales et les complices qui les servent, qui constituent ensemble une oligarchie mondiale.

## Des banques centrales qui alimentent la spéculation

On aurait pu croire que la crise de 2007-2008 allait pousser les gouvernements à mettre au pas les acteurs financiers. Mais aucune mesure n'a été prise pour limiter la circulation folle des capitaux. Bien au contraire, les banques ont été réanimées d'urgence et sans contreparties par des injections massives d'argent public. Après quoi, elles ont retrouvé leur voracité et accru encore leur emprise sur nos vies. Pour les sauver, les banques centrales ont inondé les banques privées de liquidités qui n'ont pas servi à financer l'économie réelle mais la spéculation financière. Le marché des produits dérivés les plus opaques et les plus risqués (dits « de gré à gré ») est passé de 500 à 700 mille milliards de dollars entre 2007 et 2013 : plus de 10 fois le PIB mondial…

Pourtant cela ne semble jamais suffire. Les gouvernements se démènent sans répit pour rassurer ces divinités colériques – les « marchés » – et multiplient les « réformes » destinées à grossir encore le flux de richesses détournées vers la finance. On a donc à nouveau gonflé des bulles financières qui peuvent éclater à tout moment et provoquer une nouvelle crise mondiale catastrophique.

## Le puits sans fond de la dette et de l'austérité

Rien ne semble importer davantage à nos gouvernants que de préserver la rentabilité des capitaux. Sous la pression des actionnaires et des créanciers, droit du travail, protection sociale, réglementations écologiques, sont stigmatisés comme des rigidités et des entraves. Mais on laisse les riches continuer à s'enrichir, au point absurde où 62 individus possèdent autant que la moitié de la population mondiale. On laisse se poursuivre les ravages sociaux et écologiques de la domination financière. Des milliers d'entreprises ferment et licencient, sans que d'autres soient créées en nombre suffisant. De plus en plus d'hommes et de femmes sont endettés, précarisés, expulsés. Des transnationales et des États forent les énergies fossiles toujours plus loin et plus profond, accaparent les terres et spéculent sur les denrées alimentaires. D'autres États vont jusqu'à se prétendre au bord de la faillite pour mieux tailler dans les services et les emplois publics, réduire les salaires, confier les clés et les profits des services publics au secteur privé au nom de « partenariats public-privé ». Les seules « solutions » imposées sont des plans d'austérité, recette éculée dont on connaît depuis trente ans les ravages imposés par le FMI dans les pays du Sud.

Face à cette situation, il est impératif de reprendre démocratiquement en main la monnaie, le crédit et la fiscalité, pour financer la transition.

## C'est possible dès demain

Même si la crise est due à la logique profonde du capitalisme et du productivisme, qui ne connaissent comme loi que l'accumulation infinie, elle a été déclenchée et amplifiée par la prédation de la finance spéculative. Il faut y mettre un terme.

*Taxer les transactions financières*

Il est temps d'instaurer une vraie Taxe sur les Transactions Financières, de l'ordre de 0,1 %, incluant les devises et les produits dérivés afin d'en réduire drastiquement le volume effarant. Il y a chaque année entre un million deux cent mille milliards et un million huit cent mille milliards de dollars de transactions financières, dont environ les trois quarts portent sur des produits dérivés échangés sur des marchés opaques. Le but premier de la taxation des transactions financières n'est pas de glaner des recettes pérennes assises sur de la richesse fictive, mais de briser la spéculation.

Onze pays de la zone euro ont décidé en 2011 de mettre en place une « coopération renforcée » pour taxer les transactions financières : nous nous étions alors réjouis de ce premier pas positif tout en regrettant que les transactions portant sur les devises soient exclues du projet (alors que le projet de taxe Tobin portait justement sur le marché des devises). Mais cinq ans après le lobby bancaire et Bercy continuent à freiner et vider de son contenu cette taxe, dont la mise en œuvre apparaît incertaine.

*Éradiquer vraiment les paradis fiscaux*

Des zones légales connues de tous cachent l'illégalité : argent sale, évasion fiscale… Comment expliquer que près de dix ans après le début de la crise financière, les banques et les transnationales continuent à localiser leurs profits dans les paradis fiscaux et judiciaires ? Le sabotage par Bercy de la séparation des banques de dépôt et des banques de spéculation, l'affaire Cahuzac ou la nomination du banquier Emmanuel Macron a un poste de ministre ont donné la réponse : la finance a colonisé l'État. Certes des avancées ont été obtenues, avec la levée partielle du secret bancaire suisse et la transparence sur les activités des banques dans les paradis fiscaux. Mais les grosses fortunes sont parties plus loin, et les banques poursuivent impunément leurs activités *offshore*, comme l'ont à nouveau montré les Panama Papers. Pourquoi BNP Paribas et Société Générale ont-elles encore des centaines de filiales dans les paradis fiscaux ? Et pourquoi 3 100 emplois ont-ils été à nouveau supprimés dans les services du contrôle fiscal depuis 2010 ?

### *Dé-financiariser nos économies*

Nous demandons l'interdiction de la titrisation, des marchés opaques (« de gré à gré », « dark pools », *shadow banking, trading à haute fréquence*...), des fonds qui spéculent avec l'argent des déposants (« effet de levier »). La spéculation sur les produits agricoles doit être définitivement bannie. Les marchés financiers du $CO_2$ (« droits d'émissions »), comme attendu, sont un échec retentissant, et les mécanismes de compensation (dits « mécanismes de développement propre ») bénéficient bien plus aux détenteurs de capitaux qu'aux écosystèmes. Il faut mettre un terme à la perverse financiarisation des services « écosystémiques » et de la nature.

*Dégonfler les banques*

Les banques sont « trop grosses pour faire faillite » : le bilan de BNP Paribas dépasse largement le PIB de la France et sa faillite pure et simple serait un cataclysme. Mais elles sont aussi trop puissantes pour être contrôlées. Il faut une véritable séparation des banques de dépôt et des banques d'affaires. Les banques doivent être ramenées à une dimension humaine, devenir contrôlables, se tourner vers leur métier légitime pour financer la décentralisation et la relocalisation des économies et des sociétés. Elles doivent collecter les dépôts, offrir une gamme de produits d'épargne simples et peu rémunérés, prêter en fonction de critères d'utilité sociale et écologique. Dès demain un pôle public financier doit être créé, au plan national et européen, avec les banques publiques et celles qu'il faudra sauver de la faillite. La Banque Centrale Européenne devra contribuer directement au financement des investissements publics et privés pour la transition.

## C'est nécessaire juste après

Le néolibéralisme tend à déposséder la société de tout contrôle sur la monnaie et le budget. Tant que la monnaie, le crédit et le système bancaire sont hors de contrôle, nous ne pourrons pas nous réapproprier notre avenir. Les banques privées assurent la quasi-totalité de la création monétaire, et avec les politiques « d'assouplissement quantitatif », la création monétaire des banques centrales a elle aussi été mise au service de la spéculation.

Le système bancaire doit être socialisé pour en donner le contrôle et la responsabilité à la société tout entière. La socialisation devra prendre d'autres formes que l'étatisation afin de répondre à tous les besoins, notamment locaux, et de permettre un véritable contrôle démocratique. Cela demandera la présence majoritaire de représentant.e.s des salarié.e.s, des collectivités locales, des usagers, des associations écologiques, dans le directoire des banques. Pour que les décisions de crédit ne dépendent plus de la seule rentabilité des investissements ni de démarches spéculatives, mais de critères sociaux et environnementaux.

## Nous pouvons le faire sans attendre : fauchons leurs chaises !

Avec les fauchages de chaises dans les banques, lancés par Bizi !, Attac, les Amis de la Terre et Action Non Violente

Cop21 (ANV), nous disposons d'un outil précieux et populaire pour imposer aux banques qu'elles ferment leurs filiales dans les paradis fiscaux, et aux pouvoirs publics qu'ils luttent réellement contre l'évasion et l'optimisation fiscales. Le système de crédit est un service d'intérêt public qui fonctionne avec notre argent : les banques sont à nous ! Nous devons également renforcer les banques et la finance alternatives, comme la Nef qui est en train de se transformer en véritable banque de détail, au service de l'intérêt général et de la transition écologique, à l'opposé des banques capitalistes actuelles – ou de certaines institutions qui ont trahi leur vocation mutualiste, comme le Crédit Agricole, le Crédit Mutuel ou les Caisses d'Épargne (maintenant groupe BPCE).

Nous pouvons, nous devons favoriser le développement de monnaies locales complémentaires comme un moyen de relocaliser la création de richesse et de soutenir activement une économie de proximité que les citoyen.ne.s puissent se réapproprier. Ce mouvement ne doit pas signifier des replis localistes mais au contraire permettre d'accélérer les nécessaires changements de politique monétaire au plan national, européen et mondial.

II

# En finir avec la compétitivité et le chantage à la dette

## Pourquoi ?

Depuis plus de deux décennies, les traités de l'Union européenne ont été négociés et ratifiés à l'écart des peuples et parfois malgré leur NON clairement exprimé. Rien d'étonnant à cela : ces traités ne visent qu'à soumettre les sociétés européennes à la loi de la finance mondialisée. Libre circulation des capitaux, des marchandises et des services, accélération des accords de libre-échange (TAFTA, CETA, accords avec la Tunisie, les pays africains, etc), privatisation des services publics, réformes du travail, interdiction des déficits publics sont désormais les seuls objectifs d'une construction européenne de moins en moins légitime, obsédée par les dogmes de la libre concurrence et de la compétitivité.

Dans la zone euro s'ajoute à tout cela l'interdiction faite à la Banque Centrale Européenne de prêter directement aux États, et par contraste sa grande générosité pour arroser les banques de liquidités: 80 milliards par mois depuis le début 2016!

Au lieu d'organiser leur coopération, cette Union met les pays en compétition féroce. Les mesures d'austérité prises par les uns entraînent les autres dans une spirale sans fin au nom de la sacro-sainte compétitivité. Le comble a été atteint avec le coup d'état financier de juillet 2015 par lequel l'Eurogroupe, institution qui n'a même pas d'existence légale, a contraint la Grèce à poursuivre et aggraver une austérité littéralement criminelle, alors que le peuple grec avait donné le mandat inverse à Syriza.

Tout ceci a aggravé la crise de l'Union, qui s'enfonce dans l'hostilité populaire, le chômage et la déflation, et n'offre plus comme perspective à sa jeunesse que l'émigration.

Malgré ces dégâts, les gouvernements européens entendent poursuivre «les indispensables réformes de structure trop longtemps différées» qui amplifient l'austérité. On attribue les déficits publics à la trop grande générosité des États et des systèmes de solidarité. Se soigner, s'éduquer, se loger, conserver une allocation durant les longues périodes de chômage ou face aux aléas de la vie, ces droits fondamentaux ne sont désormais plus compatibles avec la compétitivité européenne face au monde. Parlant au Wall Street Journal, le président de la BCE, Mario Draghi, ex dirigeant de Goldman Sachs, a bien résumé le projet des élites européennes : «le modèle social européen, c'est fini». Un projet qui n'est pas qu'«allemand», comme on l'entend trop souvent dire dans la gauche française: car si le gouvernement allemand a le leadership, c'est pour le compte des patronats européens et de leurs relais dans les appareils d'État, tels les énarques bien français de l'Inspection des finances à Bercy.

## De quoi la dette est-elle le nom?

Selon le discours officiel, l'Himalaya des dettes publiques résulterait du laxisme des gouvernements et surtout des assurés sociaux.

Les chiffres montrent au contraire que la dette publique n'est que l'avatar du capitalisme financier. Comme l'a montré le Collectif d'audit citoyen de la dette publique[1], elle a gonflé depuis plus de trente ans par:

- les cadeaux fiscaux et sociaux consentis aux plus riches et aux grandes entreprises, qui ont accru leurs consommations insoutenables et financé la spéculation foncière et immobilière;
- la complaisance vis-à-vis de l'évasion fiscale des multinationales et des grandes fortunes dans les paradis fiscaux;
- les taux d'intérêts élevés accordés (dans les années passées) aux «généreux prêteurs» que sont les marchés financiers;

1. http://www.audit-citoyen.org/

• les renflouements bancaires et le sauvetage de pans entiers de l'économie en récession: admirable transformation de dettes privées en dette publique par des prêts sans conditions consentis par les États, plus magnanimes avec les banques qu'avec les peuples.
• le financement de la fuite en avant avec les grands projets d'infrastructure, inutiles et imposés, les GPII.

Les déficits publics sont dus à une diminution organisée des recettes, non pas à une quelconque envolée des dépenses publiques qui depuis 20 ans sont restées stables en proportion de la richesse créée.

En revanche, les ménages soumis à la rigueur salariale ont été poussés à s'endetter afin de continuer à consommer, pour perpétuer une croissance inégalitaire et destructrice de l'environnement. Sur la base de diagnostics mensongers, les gouvernements de l'UE et la célèbre Troïka – Commission, BCE et FMI – ont pris comme prétexte le poids de la dette et la pression des marchés pour justifier la ratification d'un «Traité budgétaire» d'austérité renforcée. L'obligation de financer les déficits auprès des marchés financiers, imposée depuis le traité de Maastricht, a fait de la dette publique un extraordinaire instrument de pouvoir aux mains de la finance, dépossédant les peuples de leur souveraineté.

## Des « réformes structurelles » sans fin

La mal nommée « règle d'or » prévoyant un équilibre ou un excédent du budget des administrations publiques est en réalité une règle d'airain : en Grèce et ailleurs, elle impose une austérité sans fin pour les populations, un démantèlement sans trêve des services publics et de la protection sociale.

C'est un coup de force qui non seulement confirme la rente à vie accordée aux opérateurs financiers en leur confiant le monopole du financement, mais délégitime l'idée que la collectivité puisse emprunter de manière à financer l'investissement nécessaire aux générations présentes et futures.

Le quinquennat de François Hollande n'a été qu'une litanie de « réformes structurelles » – traité budgétaire, réforme des retraites, « pacte de responsabilité », « Crédit d'impôt compétitivité-emploi », loi Macron, loi Travail, etc. – décidées sous influence européenne. La marche forcée vers la réduction des déficits ne suffit pas aux alliés de la finance : il leur faut un « choc de compétitivité ». Détricoter le droit du travail déjà mal en point, faciliter les licenciements, permettre aux accords et référendums d'entreprise de défaire la loi : comment croire que cela favoriserait l'emploi ? On n'a là que l'expression de la rapacité patronale. Celle-ci aggravera le chômage, la précarité, l'insécurité et la souffrance au travail.

## Les femmes en première ligne

Déjà plus souvent frappées par le chômage et la précarité, très majoritaires dans l'emploi à temps partiel (souvent subi) et à bas salaires, les femmes sont particulièrement pénalisées par les politiques d'austérité. En effet, le secteur public étant majoritairement féminin, les coupes dans les effectifs et les rémunérations les concernent en premier lieu. Les attaques contre la protection sociale et les services publics dans la santé, l'éducation et les services sociaux les touchent plus durement puisque ces responsabilités leur incombent souvent au sein de la famille. De nombreuses maternités et centres IVG ferment pour réduire les dépenses publiques. Tous ces facteurs amplifient la précarité et surchargent les femmes, renforçant ainsi les inégalités, remettant en cause leur autonomie. Toutefois les femmes s'organisent pour lutter contre ces politiques, et représentent un fort potentiel de mobilisation et d'auto-organisation.

## C'est possible dès demain

### *Ré-évaluer la dette*

Une dette peut participer au lien social solidaire entre les individus et entre les générations : les retraites par répartition expriment la dette sociale entre les générations ; l'emprunt peut contribuer à financer les investissements d'avenir, créateurs de richesses durables et protecteurs des écosystèmes. Mais les dettes des États européens ont été creusées par un système financier étranger à toute idée de dette sociale ou de dette écologique et entièrement consacré à la financiarisation des sociétés et de la nature.

Les dettes illégitimes et insoutenables, dont l'origine et l'usage ont été contraires aux besoins et intérêts des peuples, et qui imposent des politiques portant atteinte aux droits humains et aux écosystèmes, doivent être annulées ou restructurées. Nous demandons un moratoire sur les intérêts de la dette et une commission d'enquête parlementaire sur l'origine de la dette publique, à laquelle seront associés des représentant.e.s des syndicats et associations investis sur ce thème. Elle devra évaluer le volume de dettes privées endossées par les États lors de la crise financière en 2007/2008 (socialisation des pertes) ; de même que la contribution des cadeaux fiscaux au gonflement de la dette. L'audit doit aussi permettre de définir les budgets illégitimes qu'il importe de réduire rapidement (en matière de dépenses et d'interventions militaires, de grands projets inutiles et imposés...).

### *Redistribuer aussi par l'impôt*

Nous devons sortir les budgets publics de l'étau des marchés et de la spirale infernale de la dette. Une profonde réforme de la fiscalité est indispensable à cet effet. Cela passe notamment par un accroissement de la progressivité de l'impôt sur le revenu (augmentation du nombre de tranches et des taux d'imposition) et un élargissement de son assiette ; par la suppression du quotient familial (et son remplacement par un forfait égal pour chaque enfant) et du quotient conjugal. Il faut réduire les impôts indirects, particulièrement injustes, en faveur des impôts directs, et notamment des prélèvements plus élevés sur les hauts revenus, les bénéfices des grands groupes, les patrimoines et les successions. Sans oublier la lutte résolue contre l'évasion fiscale : des moyens nouveaux sont nécessaires au fisc et à la justice pour la lutte contre la corruption, les paradis fiscaux, les fraudes en tout genre, la protection des lanceurs d'alerte… Le financement de la transition écologique, au lieu de s'opérer par les marchés financiers, doit reposer sur une fiscalité assurant la justice et le respect des contraintes écologiques.

## C'est nécessaire juste après

### *Refonder les institutions européennes*

La BCE est l'institution clef aujourd'hui en Europe : tandis qu'elle arrose les banques de liquidités, elle impose des plans d'austérité destructeurs aux pays en difficulté. L'euro n'y survivra pas, à moins que n'advienne un changement de statut et de rôle de la BCE. Celle-ci devra rendre des comptes aux élus du peuple et aux organisations de la société civile. Elle devra pouvoir prêter en dernier ressort aux États et leur racheter directement des titres de la dette publique, sans condition d'austérité. Sa création monétaire devra aussi contribuer au financement d'investissements porteurs d'avenir pour tous, décidés démocratiquement (pas de projets inutiles imposés!). Les besoins sociaux sont particulièrement importants concernant la petite enfance et la dépendance, l'éducation, la reconversion industrielle et la transition écologique et climatique dans les domaines du logement, du transport et de l'énergie.

Le système bancaire a réduit la monnaie à un pur instrument d'accumulation et d'enrichissement privé: la socialisation démocratique des banques remettra la création monétaire au service de la société. L'harmonisation fiscale et sociale européenne vers le haut mettra fin à la concurrence des systèmes sociaux et fiscaux, dont les résultats étaient prévisibles et d'ailleurs recherchés: chômage pour les uns, stress et surtravail pour les autres, précarité pour la plupart et insécurité sociale galopante.

Le Traité pour la stabilité, la coordination et la gouvernance (TSCG ou Pacte budgétaire) et toutes les règles actuelles de gouvernance européenne qui sanctuarisent l'austérité doivent être remplacées par un pacte pour l'emploi, les droits sociaux et écologiques. Il est en particulier urgent d'abroger les articles 63 et 125 du traité de Lisbonne interdisant tout contrôle du mouvement des capitaux. La perspective est l'élaboration démocratique d'un nouveau traité qui place la coopération entre les peuples au-dessus de la concurrence.

*Désobéir à cette Union européenne*

La refonte européenne ne se fera pas avec tous les pays de l'actuelle UE. La rupture avec la loi de la finance n'aura pas lieu partout en même temps : un ou des pays prendront la tête du mouvement. Ils devront être soutenus par les autres peuples. Les victoires nationales seront toujours difficiles et précaires : il faudra chercher à mutualiser les avancées et à les étendre le plus possible en les proposant aux autres peuples. Nous reconnaissons à tout gouvernement élu pour mener une politique alternative le droit de désobéir aux règles de l'Union européenne, en particulier concernant la dette, les contrôles de capitaux et l'émission monétaire, par la création d'une monnaie nationale complémentaire à l'euro et / ou l'émission monétaire pour financer directement ses investissements. Ainsi seulement il sera possible de trouver les ressources pour enclencher la transition sociale et écologique. Pour refonder l'Europe il faudra bien commencer quelque part ! A l'opposé d'une démarche nationaliste et xénophobe, il s'agit de proposer aux peuples européens une autre voie et s'y engager concrètement, même dans un seul pays, pour déclencher une dynamique d'entraînement, dont personne ne peut délimiter le contour final *a priori*.

## Nous pouvons le faire sans attendre : construire des luttes européennes !

La Commission pour la vérité sur la dette grecque[1], créée par Zoé Konstantopolou et le Parlement grec en 2015, a porté en Grèce et en Europe le débat sur la légitimité des dettes publiques. En France, le Collectif pour l'audit citoyen de la dette publique, animé par Attac et le CADTM, a soutenu cette démarche et publié un « Petit guide des bobards médiatiques sur la dette grecque » qui a eu un vif succès : nous allons continuer à déconstruire le discours dominant sur le paiement inéluctable de toutes les dettes, en France et en Europe.

Les luttes et les résistances au niveau national sont un socle indispensable, mais aucun peuple ne pourra stopper seul le déferlement d'austérité face au bloc que forment aujourd'hui les instances européennes : il faut aussi construire un rapport de forces au niveau européen. C'est le but du processus d'Altersommet européen, porté par des dizaines d'organisations syndicales et associatives issues de la plupart des pays européens. Les luttes contre le libre-échange (TAFTA, CETA), les marches européennes, les coordinations des mouvements sur l'eau, le logement, la santé, les manifestations Blockupy – initiées par les mouvements sociaux allemands et européens contre la BCE à Francfort – contribuent à ce rapport de

1. *La vérité sur la dette grecque*, Éditions Les Liens qui libèrent, 2015.

forces. Nos modes d'actions, nos initiatives de désobéissance civique doivent viser à rendre visibles les responsabilités des firmes transnationales, des banques, de l'oligarchie politique et financière, véritables coupables de cette crise qui se trouvent également en être les bénéficiaires.

# III
# Engager la transition écologique

## Pourquoi ?

Les limites de la planète, les seuils au-delà desquels les écosystèmes ne peuvent se reconstituer, dessinent un monde matériellement fini. Ce simple constat s'oppose à notre modèle de société et notre mode de développement, fondés sur la croissance sans fin.

Dans de nombreux pays, l'agriculture est soumise à la loi du libre-échange et à une exigence de croissance intensive, à la recherche de gains de productivité dans des structures hyper concentrées qui stérilisent les sols, maltraitent les animaux, empoisonnent la population et détruisent les emplois. L'accès à la terre et sa fonction nourricière sont remis en cause par des politiques d'accaparement menées par des États ou des firmes transnationales, qui transforment l'agriculture en activité industrielle visant à produire des agro-carburants ou encore à capturer le carbone émis avec d'immenses plantations en monoculture.

La production industrielle s'appuie aujourd'hui sur l'utilisation de ressources naturelles surexploitées, notamment des ressources fossiles, au Sud comme au Nord, au mépris des impacts sociaux et écologiques. Les conflits se multiplient pour la sécurisation de ressources raréfiées par le gaspillage et l'utilisation intensive. Au lieu qu'on en réglemente l'usage, bon nombre de ces ressources sont financiarisées et donnent lieu à des spéculations sur les marchés, à des évaluations décrochées de la réalité. Le mirage des gaz de schistes en est un exemple frappant.

La poursuite indéfinie de la croissance globale, contrairement aux thèses qui laissent penser à un "découplage" par la "croissance verte", signifierait l'explosion des émissions de gaz à effet de serre, avec des conséquences prévisibles sur la hausse des températures : +4 °C, voire +6 °C à l'horizon 2100, un emballement incontrôlable et des catastrophes meurtrières sur toute la planète. Pourtant, les élites, dans un déni de réalité, se refusent à abandonner l'illusion de la croissance, entretenant l'espoir d'une économie verte, fondée sur des technologies « propres » et l'extension des marchés censés assurer la gestion optimale des ressources, pour le plus grand profit des firmes multinationales capables de saisir ces nouveaux marchés.

La seule issue aux bouleversements écologiques en cours, changement climatique et diminution de la biodiversité, est une diminution massive de l'empreinte écologique. Freiner le réchauffement climatique suppose une division par quatre (au moins) d'ici 2050 des émissions de CO2. Cela suppose, comme le montrent de nombreux rapports scientifiques, de laisser dans le sol 80 % des réserves en ressources fossiles actuellement connues. L'empreinte écologique soutenable pour tous était de 1,8 ha/habitant, pour 6 milliards d'êtres humains, en 2005, selon le WWF. Or, l'empreinte écologique d'un Européen moyen était de 4,8 ha/hab, 9,5 pour un habitant des États-Unis, contre 1,1 ha pour l'Africain moyen et 2 ha pour le Chinois. Ces données, à compléter par les émissions de gaz à effet de serre par habitant et par catégorie sociale, indiquent clairement les voies à suivre : la transition écologique est inconcevable sans une réduction drastique des inégalités au sein des pays et entre pays, sans un changement radical pour tous des manières de produire, du contenu et du rythme de la production, et sans la promotion des valeurs de la sobriété.

## Leur économie verte est une impasse

Les classes dirigeantes s'imaginent pouvoir enrayer le réchauffement climatique et la perte de la biodiversité en développant les « marchés de l'économie verte ».

L'un des plus emblématiques est le marché du carbone, institutionnalisé dans l'Union Européenne en 2005 et désormais en construction dans de nombreux autres pays, dont la Chine. Or, loin d'avoir incité les industriels à réduire leurs émissions et d'avoir permis la substitution d'énergies renouvelables aux énergies fossiles, le marché carbone européen est un échec cuisant. Là où les pays de l'Union devraient réduire leurs émissions de 30 à 40 % en 2020 par rapport à 1990 selon les préconisations du GIEC, la réduction des émissions européennes, si l'on tient compte des émissions liées aux produits importés, est actuellement d'à peine 4 %. Surabondants, les droits d'émission délivrés gratuitement par les pays se négocient à seulement quelques euros. Leur vente constitue bien souvent un effet d'aubaine pour nombre d'industriels.

Par ailleurs, les mécanismes de flexibilité et de compensation carbone permettent à ces mêmes industriels d'éviter de réduire leurs propres émissions en finançant des projets dits de « développement propre » dans les pays du Sud, peu convaincants voire même délétères comme les monocultures d'eucalyptus, les plantations de forêts censées « compenser » la déforestation dans le cadre du programme REDD (réduction des émissions liées à la déforestation et à la dégradation). Plus généralement, la financiarisation « verte » progresse par la transformation en marchandises des « services écosystémiques » rendus par la nature, dont la capture du carbone.

## Défaire l'imaginaire consumériste

Le productivisme est inséparable du consumérisme. On accumule des productions d'objets et de services bien souvent inutiles, socialement nuisibles et destructeurs des ressources naturelles. Dans un monde où les liens sociaux se précarisent, les stratégies de marketing des firmes jouent sur le besoin de donner un sens à sa vie par le mimétisme, la différenciation, la consommation d'ersatz. Véhiculé par les *mass medias*, le culte de l'argent-roi et du *star-system*, la pression du « confort » hypnotisent une grande partie de la population, accro à la promesse du bonheur par la possession. Avec leurs jets et leurs hélicoptères privés, leurs yachts, leurs golfs, leurs piscines géantes, leurs palais somptueux, les milliardaires polluent à la fois la nature et les imaginaires de leurs concitoyens. Avec les « casseurs de pub » et les mouvements anti-consuméristes nous voulons déconstruire cette tromperie où la reconnaissance sociale se conjugue avec l'envie, le conformisme et la frustration. Nous voulons une société sobre, qui privilégie les usages raisonnés et partagés plutôt que la course aux gadgets individuels et au "toujours plus".

## La transition écologique fondée sur la diversité, la solidarité, l'égalité

Pour mettre fin à la prédation de la nature et rétablir les équilibres écologiques, il faut en finir avec une accumulation infinie de richesses aux mains d'une minorité et avec la croyance en la maîtrise infinie de la nature.

En l'absence d'une croissance globale désormais impossible, cela implique une redistribution massive des revenus qui permette d'assurer au plus grand nombre une sécurité d'existence tout en finançant les investissements et les emplois nécessaires à la reconversion des modes de production, de transports, de vie.

A moyen et long termes, la production privilégiera la qualité et la durabilité, au lieu des quantités. Cette trajectoire requalifiera le travail et permettra des emplois décents, au contraire du modèle productiviste actuel qui déqualifie le travail, supprime des emplois et multiplie les dommages collatéraux humains et écologiques. Il faut nettement plus de travail pour produire des légumes bios plutôt que des légumes dopés aux engrais phosphatés, de l'énergie solaire plutôt que nucléaire ou fossile, des véhicules conçus pour rouler 1 million de km plutôt que des bagnoles *low cost*. Et généralement plus de travail dans les *low tech* que dans les *high tech*.

Il faudra aussi une redistribution massive de ressources, à la fois par une relocalisation des économies, par des politiques de souveraineté alimentaire et énergétique, par la déconcentration économique et financière et le contrôle des firmes transnationales, par des régulations globales prenant en compte les responsabilités historiques dans les catastrophes en cours et à venir. Elle passe donc aussi par une fiscalité globale. Car les populations pauvres des pays du Sud ainsi que les peuples indigènes, qui n'ont aucune responsabilité dans la crise climatique présente, seront les principales victimes des sécheresses, inondations, ouragans, de la montée du niveau de la mer…

Enfin, la transition écologique ne saurait ignorer les formes de domination qui ont imposé de manière souvent violente la relégation des femmes, des personnes de couleur, des populations indigènes, au nom de lois « naturelles ». Ces populations ont souvent conservé des arts de vivre, des manières d'être au monde qui refusent l'idéologie de la toute-puissance et rendent possible la transition. Ainsi, depuis longtemps, les femmes allient préoccupations sociale et écologique, en particulier les paysannes du Sud. Parce que ce sont elles qui ont traditionnellement la charge du foyer, qui collectent l'eau, le bois pour le chauffage, qui assurent l'agriculture vivrière pour les besoins de leur famille, elles sont plus attentives à la préservation et au renouvellement des ressources naturelles et énergétiques. Aujourd'hui, de nombreuses femmes s'organisent et luttent pour l'accès à la terre, pour la mise en œuvre de technologies maîtrisables et adaptées, pour lutter contre la faim et la pauvreté, et prendre soin de la nature.

## Préserver et développer les communs

Qu'il s'agisse des matières premières non renouvelables, de l'énergie, des semences, des ressources renouvelables mais surexploitées comme les animaux, l'eau ou les terres fertiles, nous devons apprendre à gérer ces biens de façon responsable et durable. L'accès à l'eau, souvent monopolisé pour les cultures ou industries d'exportation, est dénié à 800 millions de personnes qui n'ont pas l'eau potable, principalement au Sud. Le réchauffement climatique avec la fonte des glaciers accélère ce processus. L'accès durable de tous à ces ressources est un droit fondamental, leur préservation est une obligation. La nature ne peut être un objet d'exploitation et de pillage au profit de quelques-uns : nous n'avons pas d'autre planète. Les principes de la gestion des « communs » doivent inspirer les politiques publiques et l'action des citoyens, en se fondant sur une élaboration démocratique des règles d'usage – ou de non usage – et d'entretien, impliquant toutes les parties concernées. Les communs définissent des communautés d'usagers dont la nature et la taille sont l'objet de délibération démocratique.

Ces règles de la coopération horizontale et de la participation de tous et toutes aux décisions inspirent aussi la construction des communs de la connaissance, les logiciels libres, les wikipedias et autres ressources en ligne, qui sont le résultat d'une œuvre collective ne devant pas être l'objet d'une appropriation privée ou étatique. Même si le développement exponentiel des usages commerciaux du web contribue aujourd'hui à une consommation excessive d'énergie, Internet est un commun qu'il faut défendre contre la colonisation par le marché et la normalisation par les pouvoirs répressifs. D'autres communs sont à inventer et réinventer, à l'abri de la marchandisation, qui les appauvrit et les vide de tout contenu. L'accès pour tous et toutes à la culture, aux soins, à un logement, n'a de sens que si la culture existe, si la médecine soigne, si le logement abrite. Autant d'exigences qui nécessitent une créativité sociale et l'élaboration de modes démocratiques de gestion et d'appropriation collectives.

## C'est possible dès demain

« Notre consommation, d'ici à 2050, ne devra pas représenter plus d'un tiers des réserves prouvées de combustibles fossiles » : c'est l'Agence Internationale de l'Énergie, par ailleurs peu sensible à la sobriété énergétique, qui le dit. Cela implique dès maintenant l'arrêt de toute exploration et l'interdiction définitive de toute exploitation des gaz et pétroles de schiste en France et en Europe, l'arrêt de toute importation de gaz ou de pétrole non conventionnels, dont l'extraction provoque des pollutions irrémédiables, l'arrêt des subventions publiques au secteur des énergies fossiles et leur transfert vers les énergies renouvelables. Ces mesures vont à l'encontre des accords de libre-échange en cours de négociation, CETA et TAFTA. Pour ces raisons également, ces négociations et ces projets doivent être annulés.

Afin de réduire les émissions de carbone et la facture énergétique, il faut décréter d'urgence un plan massif de financement de l'isolation thermique des logements existants, sans aggraver l'endettement des ménages.

Un vrai tarif progressif de l'eau, de l'électricité et du gaz doit être mis en place rapidement, avec la gratuité de la consommation de base et un prix augmentant fortement pour les sur-consommations: ce serait un puissant outil de réduction des inégalités et de lutte contre le gaspillage.

La publicité doit être ramenée aux règles valables pour l'affichage associatif. La presse doit pouvoir être financée sans publicité. La course à l'audimat doit être stoppée. Il n'y a pas de transition possible sans une mise en cause des divers instruments de conditionnement mental, qui occultent les conséquences réelles des politiques et des modes de vie.

La France, après avoir organisé la conférence climatique de 2015, doit immédiatement stopper les grands projets inutiles et polluants, à commencer par l'aéroport de Notre-Dame des Landes, cette caricature de partenariat public-privé que l'État a passé avec Vinci. La

France et l'Union européenne doivent d'urgence donner plus d'ambition à leurs politiques climatiques pour 2020 et 2030 – au moins 55 % de réduction des émissions entre 1990 et 2030 –, en se dotant d'objectifs contraignants et ambitieux d'amélioration de l'efficacité énergétique et de déploiement des énergies renouvelables.

Désinvestir des énergies fossiles et ne plus financer des infrastructures dans ce secteur doit également devenir une priorité de l'ensemble des institutions publiques et acteurs économiques. Concernant les transports, la priorité doit être donnée aux transports du quotidien au lieu des lignes grande vitesse, qui gaspillent l'argent public pour une clientèle à hauts revenus, pendant que les autres sont condamnés aux bus « Macron », véritable scandale social et écologique.

## C'est nécessaire juste après

Il faut engager très vite la nécessaire transition énergétique : les besoins en énergie de tous doivent être redéfinis et assurés en privilégiant la sobriété et l'efficacité énergétique. Les pouvoirs publics doivent supprimer toutes les subventions à la production et l'utilisation des énergies fossiles et mettre en place des aides publiques à l'achat d'équipements performants, des investissements massifs dans le transport ferroviaire notamment de marchandises, une incitation à la relocalisation des productions afin d'éviter les transports inutiles de composants de produits agricoles ou manufacturés d'un bout à l'autre de la planète.

Pour accompagner la diminution drastique de production des énergies fossiles et l'indispensable sortie du nucléaire (cette énergie chère, polluante, dangereuse et militarisée), les pouvoirs publics doivent également promouvoir l'investissement massif dans la production d'électricité à partir d'énergies renouvelables. L'énergie, comme l'eau et les autres communs, ne peut pas être laissée dans les mains des multinationales (GDF-Suez, Véolia...) ; mais elle ne doit pas non plus être gérée de façon technocratique (EDF) par l'État, qui utilise ces grandes entreprises, publiques ou privées, pour sa volonté de puissance et pour accaparer les ressources à l'étranger. Le service public de l'énergie doit être décentralisé et socialisé, c'est-à-dire placé sous le contrôle des salariés, des usagers et des collectivités territoriales. De nombreuses expériences de régies municipales d'électricité, de coopératives d'énergie renouvelables (Enercop), de parcs éoliens municipaux ou citoyens, de financement solidaire comme Énergie partagée, dessinent les contours d'une réappropriation sociale de l'énergie et de sa construction comme « commun ».

Concernant l'agriculture, il faut produire, distribuer et consommer bio, paysan et local, à la fois pour des raisons écologiques, de santé publique, de maintien et de création d'un travail qualifié dans l'agriculture, de revitalisation des sols et des territoires. Cela nécessite une politique volontariste pour faciliter la sauvegarde des terres agricoles, l'installation de paysans par le biais de crédits à taux réduits ou de location de terres, de clauses de mieux-disant écologique pour les fournisseurs de tous les organismes publics, un étiquetage obligatoire permettant une traçabilité des produits alimentaires. Et une réforme de la politique agricole commune, qui revalorise les revenus de l'agriculture paysanne et supprime les subventions massives aux lobbies agro-industriels.

La transition écologique n'a de véritable sens qu'au plan mondial. L'Union européenne doit promouvoir la négociation, dans le cadre d'une ONU profondément démocratisée et refondée, d'accords internationaux contraignants conduisant à la mise en place d'une juridiction internationale climatique pouvant sanctionner le non respect de normes d'émissions de gaz à effet de serre définies par le GIEC, avec des obligations plus sévères pour les pays industriels du Nord (responsabilités différenciées). Des financements adéquats doivent être dégagés, par le biais de taxes globales sur les transactions financières et sur les bénéfices des transnationales, afin de financer la lutte contre le réchauffement et l'adaptation des pays les plus pauvres.

## Nous pouvons le faire sans attendre : changeons le système, pas le climat !

« Le changement climatique pourrait devenir la plus grande impulsion qui poussera les mouvements sociaux à se rassembler, tel un puissant fleuve alimenté par d'innombrables ruisseaux unissant leurs forces pour enfin atteindre la mer » (Naomi Klein). Dès maintenant nous devons construire un puissant mouvement pour la justice climatique. Il s'agit de mettre en synergie les multiples luttes contre le productivisme et la prédation des transnationales, comme nous avons commencé à le faire à l'occasion de la COP 21 avec la Coalition Climat 21 (impulsée en France par Attac, le CRID et le Réseau Action Climat).

Nous pouvons favoriser le développement décentralisé des sources d'énergies renouvelables : il faut soutenir les projets de production locale et à taille humaine d'énergies renouvelables adaptées à leurs territoires (éolien, solaire, biomasse, méthanisation, marémotrice, géothermie etc.). Ces projets, souvent portés par des associations citoyennes, doivent s'articuler avec un service public amélioré, avec le maintien du tarif réglementé de l'électricité et du gaz.

Nous pouvons aussi changer nos modes de production et de consommation, notamment en faveur d'une alimentation responsable écologiquement et socialement, comme nous y incite la Confédération paysanne et sa campagne pour une alimentation saine. Il nous faut faire pression sur nos élu.e.s pour qu'ils privilégient les filières courtes dans leur politique d'achats. Des milliers de territoires en transition prennent des initiatives et coopèrent pour réduire radicalement leurs émissions de gaz à effet de serre, pour protéger la biodiversité menacée, tout en développant leur résilience en diminuant leur vulnérabilité pour pouvoir faire face aux bouleversements écologiques inévitables.

Pour les produits non disponibles localement, nous pouvons privilégier les productions issues du commerce équitable Sud-Nord, qui garantissent un revenu décent aux petits producteurs du Sud engagés dans des productions durables.

IV

# Relocaliser !

## Pourquoi ?

La liberté est une valeur aujourd'hui invoquée par tous... mais elle bénéficie d'abord à ceux dont la richesse et le pouvoir exorbitants sont une agression permanente contre la liberté des autres. C'est tout le problème du libéralisme économique : au nom de la liberté – économique –, il s'organise toujours par l'accaparement des ressources par une oligarchie. La liberté sans l'égalité, c'est « le renard libre dans le poulailler libre ». Les règles doivent en premier lieu limiter le pouvoir des privilégiés. La liberté ne s'oppose pas à la contrainte : vivre avec les autres et avec la nature, faire un monde commun, suppose l'acceptation des règles et obligations du vivre-ensemble et des limites propres à notre seul habitat, la Terre.

## "Libre-échange" ou libre prédation ?

Le terme de « libre-échange » s'est imposé pour désigner le droit des marchands à commercer sans aucune restriction ni taxe entre pays. Il est souvent utilisé dans un sens étendu, recouvrant, outre la libre circulation des biens et des services, celle des capitaux et des investissements. Dans le même temps, la mobilité des personnes, valeur cardinale de la liberté, est réduite à des flots touristiques *low cost*, à des voyages d'affaires, tandis que les migrations pour la survie sont contingentées ou interdites.

Le libre-échange est un des piliers de la mondialisation néolibérale. La liberté qu'il évoque est, en fait, celle du capital international, tendant à lever toute barrière à son activité : la planète comme terrain de chasse. L'idéologie du libre-échange vise à interdire toute régulation démocratique du commerce et de l'investissement et à fermer toute voie alternative, dénoncée comme non démocratique, « autarcique » et « totalitaire ».

L'Organisation mondiale du commerce (OMC), fondée pour approfondir cette liberté de prédation, s'est retrouvée largement paralysée par les dissensions entre Nord et Sud. Cela n'a pas empêché les pays du Nord de négocier de multiples traités bilatéraux afin d'ouvrir de nouveaux marchés pour leurs firmes. Les accords actuellement négociés entre l'Union européenne et le Canada (CETA), d'une part, et les États-Unis (TAFTA), d'autre part, en sont des exemples inquiétants : ils pourraient obliger les États de part et d'autre de l'Atlantique à soumettre leurs règles sociales, sanitaires et environnementales au bon vouloir des firmes multinationales. L'arbitrage privé des conflits entre entreprises et États deviendrait, si ces accords aboutissaient, un modèle global d'organisation mondiale du commerce et de l'investissement.

Les échanges internationaux sont des outils qui doivent être mis au service d'objectifs économiques, sociaux et environnementaux définis démocratiquement en fonction de chaque situation. Cependant les échanges entre pays distants ont un coût écologique élevé en raison des transports qu'ils nécessitent, et doivent, de ce point de vue, être réduits au strict nécessaire. Il s'agit de renverser la dynamique actuelle et de faire de ces échanges un outil de coopération et non de mise en concurrence et d'asservissement.

## La « concurrence déloyale des pays du Sud » est l'œuvre des transnationales du Nord

Si les gouvernements européens et la Commission prônent un libre-échange sans état d'âme, certains courants politiques, et pas seulement d'extrême-droite (ainsi le Parti socialiste propose le « juste échange »), critiquent la « concurrence déloyale des pays du Sud » et demandent des mesures protectionnistes contre les exportations des pays émergents, surtout chinoises, en raison des normes sociales et environnementales insuffisantes qui prévalent dans ces pays.

Cette vision est en fait tronquée: la plupart des exportations chinoises sont le fait de filiales ou d'accords de *joint-ventures* (partenariats entre entreprises) impliquant des multinationales étrangères. Ce sont celles-ci qui choisissent d'exporter leurs capitaux en Chine pour y implanter des usines. Les importations de produits venant du Sud sont la contrepartie d'exportation de capitaux occidentaux en quête d'une main-d'œuvre – souvent féminine – non syndiquée, à bas salaires et soumise à une discipline de fer.

Par ailleurs, les élites de ces pays émergents, avec la complicité active des élites du monde entier, promeuvent un développement capitaliste et productiviste, qui a dopé et dope encore la « croissance » des vieux pays industriels.

## Le Sud précurseur de l'ajustement

Les pays du Sud ont été contraints sous la pression du FMI et de la Banque mondiale d'adopter des plans d'ajustements structurels qui les ont amenés à développer leurs exportations, à s'ouvrir à la concurrence internationale et à livrer leurs richesses aux appétits des firmes transnationales. Ces plans ont été meurtriers pour l'autonomie alimentaire et les budgets sociaux, jusqu'à provoquer des émeutes de la faim. Ils ont provoqué une explosion de situations de détresse et de précarité. Dans ce contexte, les femmes ont été mobilisées pour assurer la survie de groupes et communautés abandonnés par les services sociaux.

Dans les dernières décennies, la France et l'Union européenne ont été en première ligne pour mettre en place un système néo-colonial fondé sur des libéralisations à sens unique, promu par l'OMC et renforcé par les accords commerciaux bilatéraux. Les institutions de la « coopération » franco-africaine (franc CFA, accords militaires, accords de libre-échange soi-disant de "partenariat économique") visent à sécuriser l'approvisionnement des firmes et de l'État français en ressources naturelles (pétrole, uranium, métaux...). Elles permettent aux grands groupes français (Véolia, Vinci, EDF...) de capter les rentes de situation que constituent les services publics privatisés dans de nombreux pays, en Afrique subsaharienne, au Maghreb, en Amérique latine...

En Europe également, après la chute du Mur de Berlin, l'ajustement structurel – à coups de privatisations massives – a permis d'utiliser la périphérie Est comme point d'appui pour la délocalisation de la production industrielle et la destruction de l'ancien « modèle social allemand ».

## C'est possible dès demain

Les accords inégalitaires passés entre l'Union européenne et de nombreux pays du Sud doivent être abrogés et renégociés pour permettre aux pays concernés de reconstruire leur agriculture et leur souveraineté alimentaire, de retrouver la maîtrise de leurs ressources naturelles et de prendre des mesures de sauvegarde de leur tissu productif. Il faut annuler les clauses prévoyant la protection des « investisseurs », qui permettent aux entreprises privées d'obtenir la condamnation des États qui auraient pris des mesures sociales ou environnementales contraires aux bénéfices escomptés. L'Union européenne doit se doter d'un mandat alternatif pour les négociations commerciales qui serait davantage fondé sur l'idée de coopération que de concurrence.

### C'est nécessaire juste après

La protection des économies, des sociétés et de la nature doit être reconnue comme un droit légitime des peuples. Les États doivent retrouver la capacité de mener des politiques qui assurent la justice, la solidarité et la préservation des écosystèmes. Les échanges internationaux doivent être régulés et réglementés en fonction d'une priorité à la relocalisation des économies et non pas servir en premier lieu les intérêts des multinationales. Ce principe est incompatible avec le fonctionnement actuel de l'OMC et d'autres organisations internationales, comme le FMI.

Les contrôles sur les mouvements de capitaux, déjà évoqués pour le capital financier, doivent aussi être instaurés sur les investissements productifs : les comités d'entreprise doivent disposer d'un droit de veto sur l'exportation de capitaux par leur entreprise.

Pour stopper l'essor insoutenable des transports, il faut instaurer une taxe sur le transport de marchandises, proportionnelle aux distances parcourues : cette taxe kilométrique vise à augmenter les coûts de transport, indépendamment des frontières, de façon à réduire les émissions de $CO_2$ et à favoriser les relocalisations d'activités. Elle s'applique aussi bien aux exportations qu'aux importations, éloignant ainsi tout risque de guerre commerciale et de chauvinisme agressif.

Les échanges Nord-Sud doivent être organisés sur de nouvelles bases : il est urgent de mettre en place un système de stabilisation des prix des matières premières pour lutter contre les fluctuations aberrantes des termes de l'échange qui déstabilisent nombre de pays du Sud. De même, une réforme du système monétaire international conduisant à une plus grande stabilité et équité des taux de change est urgente. Un Fonds de stabilisation monétaire doit organiser cette régulation : selon les principes avancés par Keynes en 1944, les pays excédentaires et déficitaires devront ajuster de concert leurs taux de change pour éviter les déséquilibres commerciaux excessifs, dont l'histoire a montré qu'ils débouchaient en général sur le chaos.

## Nous pouvons le faire sans attendre : circuits courts, monnaies complémentaires !

La relocalisation de la production et des échanges commence par la base. Partout dans le monde, les initiatives se multiplient pour des circuits courts de production et de commercialisation, reliant directement les producteurs entre eux et avec les consommateurs locaux. Les AMAP (associations pour le maintien de l'agriculture paysanne) en sont en France une des expressions et préfigurations. Des relations équitables et conviviales s'établissent, où les producteurs bénéficient d'un revenu stable et d'un préfinancement de leurs investissements, tandis que les consommateurs s'assurent de la qualité, de la diversité des produits et de la durabilité des procédés de production. Les SEL (systèmes d'échange locaux) permettent également de construire des solidarités économiques sur les territoires. Les monnaies complémentaires locales, qu'elles soient lancées par des associations ou par des collectivités territoriales, peuvent amplifier le mouvement. Nous pouvons renforcer les initiatives existantes, en créer de nouvelles et inciter les élu.e.s locaux à les soutenir.

V

# Aller vers la justice sociale et l'égalité réelle

## Pourquoi ?

Le néolibéralisme se voulait porteur d'une modernité fondée sur la croissance infinie grâce au progrès technique. Il s'imaginait vecteur d'émancipation et d'autonomie pour chacun. Mais le rêve se révèle cauchemar : vouloir que chacun s'émancipe des autres et de la nature, c'est détruire la société et la planète.

La dérégulation accélère la course folle d'une marchandisation totale de la vie. La dette financière engloutit la dette sociale et la dette écologique. Les déséquilibres s'aggravent entre riches et pauvres, au Nord, au Sud, entre Nord et Sud, déstabilisant des pays et des régions entières. L'Union européenne va jusqu'à payer la Turquie pour se débarrasser du droit d'asile ! Partout les aspirations à la démocratie et à l'égalité sont puissantes, mais contrecarrées par les xénophobies et les replis identitaires, en phase avec l'autoritarisme politique et la dérive policière des États. La course de vitesse est enclenchée entre démocratie et état d'urgence permanent, entre idéal égalitaire et engrenage autoritaire.

## Des apôtres du risque qui ne risquent rien

Les tenants de l'idéologie néolibérale vantent l'avènement d'une « société du risque », où la flexibilité, la libre-entreprise et la libre concurrence seraient les conditions de la croissance et du bonheur. Mais de risques, eux-mêmes n'en prennent aucun : à eux les quartiers protégés, les coquets patrimoines hérités, les parachutes dorés, les paradis fiscaux, les passe-droits ; aux autres la peur du lendemain et celle des attentats, qui paralysent face aux pouvoirs. Les individus sont supposés « libres et souverains », mais la liberté des démuni.e.s consiste à se débattre seul.e.s pour la survie dans une immédiateté sans repères. Dans ce contexte, la référence au « mérite », censé justifier la place de chacun.e, devient une véritable apologie de l'inégalité.

## Un travail dégradé et dévalué

La course au profit sans limites recherchée par le néolibéralisme ne saurait se poursuivre sans la dévaluation et dégradation du travail : travailleurs du monde entier mis en concurrence, paysans chassés de leur terres, soumis à la loi impitoyable des marchés et de l'agro-industrie, jeunes déconsidérés, règne de l'évaluation généralisée. Le prix est payé par les travailleurs du monde entier, mis brutalement en concurrence les uns contre les autres.

Sous couvert de lutte contre l'inflation et sous pression de la « libre concurrence », depuis le milieu des années 1980 les salaires ont été déconnectés de la productivité du travail et ont perdu de 8 à 10 points de pourcentage dans la richesse créée. La courbe du chômage s'est envolée au rythme des exigences de rémunération des actionnaires. Le secteur des services a continué de se développer, plus féminisé, avec des métiers prétendument moins qualifiés et vraiment moins rémunérés, et un potentiel plus faible de gains de productivité. Puisque la richesse est produite par les salarié.e.s et ne tombe ni du ciel, ni de la bourse, la rentabilité financière n'a pu s'accroître qu'aux dépens des salaires et de l'emploi, au prix d'une intensification et d'une précarisation des conditions de travail, de l'humiliation des personnes, d'un affaiblissement de la protection sociale solidaire et des services publics.

Il faut en finir avec l'invasion du management dans tous les secteurs de la vie en société : les objectifs quantitatifs omniprésents, l'individualisation des rapports professionnels, la perte du sens du travail ne sont plus vivables, que ce soit dans les entreprises, dans les fermes, les administrations, les écoles ou les hôpitaux. Le sentiment de ne plus pouvoir bien faire son travail, voire de faire un sale boulot, de tromper le client, de l'empoisonner, de frustrer l'usager de ses droits ou de saccager la nature, est l'une des pires formes de souffrance au travail.

## L'État social en déshérence

L'augmentation de l'âge moyen de la population, tendance pourtant séculaire, est désormais brandie comme la preuve qu'il faut réduire les droits à la retraite et à l'assurance maladie. En réalité il s'agit encore et toujours de «rassurer les marchés financiers». Le salaire socialisé, conquête historique du salariat européen, est progressivement démantelé: pensions, allocations de chômage, prestations familiales... la «réforme permanente» est à l'oeuvre malgré des résistances sociales souvent exemplaires. Le revenu minimum mis en place en 1989 en France pour colmater les brèches du chômage de masse a échoué à endiguer la pauvreté, son niveau a décroché par rapport au salaire moyen. Avec les politiques «d'accompagnement» il est devenu un instrument pour discipliner et contraindre les chômeurs.

## Le mépris au quotidien

Le modèle de la concurrence pousse toujours plus d'individus vers les marges: sans emploi, sans domicile, sans papiers, sans couverture sociale, sans terre... Les ouvriers et les employés, les paysans sont précarisés, mis au rebut: pas assez compétitifs! Leur désespoir est compréhensible, mais la classe politique privilégie la gesticulation sécuritaire pour feindre de répondre à leur légitime demande de sécurité économique et sociale. Les immigrés, qui demeurent une main-d'œuvre corvéable et bon marché, sont désignés comme boucs émissaires de leurs difficultés. Les discours sur les « classes dangereuses » réapparaissent, comme à la fin du XIXe siècle. Les résistances sociales sont criminalisées, voire accusées de terrorisme. Les réfugiés s'entassent dans des camps, sous des ponts. L'espace Schengen, soi-disant de libre circulation, est devenu un espace d'exclusion, et l'agence européenne Frontex le bras armé du rejet de l'étranger.

## C'est possible dès demain

### *Revaloriser le travail*

L'une des racines de la crise est la dévalorisation sans précédent du travail dans une société qui en a fait pourtant son fondement essentiel. En témoigne notamment la condition salariale, encore aggravée par le démantèlement programmé du Code du travail. Restaurer davantage d'égalité et de sécurité sur le marché du travail est devenu indispensable. La précarisation ne favorise en rien l'embauche mais seulement les profits : il est urgent d'interdire les licenciements économiques et les délocalisations dans les entreprises qui font des profits. La loi doit continuer à l'emporter sur l'accord de branche et celui-ci sur l'accord d'entreprise (principe de faveur). Le dispositif de la « rupture conventionnelle », qui masque le plus souvent un licenciement, doit être supprimé, et l'indemnisation du chômage accordée en cas de démission. Un véritable revenu garanti, égal au Smic, doit être alloué aux personnes en formation, en recherche d'emploi ou en création d'activité pour la transition.

Il faut revaloriser le salaire minimum, ce qui réduira les inégalités, notamment entre les femmes et les hommes, et augmenter les allocations de chômage et les minima sociaux, qui ne permettent pas aujourd'hui de vivre décemment. La gratuité des consommations de base pour l'énergie et l'eau, le développement et la gratuité des transports collectifs, un service public du logement, l'aide à l'isolation du bâti contribueront fortement à améliorer les conditions de vie des classes populaires tout en réduisant l'empreinte écologique.

Pour réduire les inégalités et les consommations ostentatoires, un salaire maximum égal par exemple à dix Smic (quand même 15 000 euros par mois !) sera bien suffisant. L'égalité salariale femmes-hommes doit devenir une réalité, sous peine de lourdes pénalités. Notamment, les salaires des métiers à prédominance féminine, dits « non qualifiés », doivent être revalorisés. L'emploi à temps partiel, qui est l'une des causes majeures des inégalités salariales et des faibles retraites des femmes, doit être strictement encadré, le passage à temps plein pour les salarié.e.s à temps partiel qui le souhaitent doit être de plein droit.

Les réformes des retraites s'enchaînent à un rythme accéléré, au prétexte des évolutions démographiques alors que c'est le cercle vicieux de l'austérité qui ne fait qu'accroître les déficits: il faut revenir sur ces réformes, qui ont particulièrement pénalisé les femmes. Les retraité.e.s ont droit à un revenu prévisible, proportionnel à leur salaire antérieur et au moins égal au Smic. Dans le domaine de la santé, les tickets modérateurs, les franchises médicales et le forfait hospitalier pénalisent les moins protégés, il faut les supprimer. Tout cela est possible d'une part en faisant cotiser les profits et en réduisant leur part dans les richesses distribuées, d'autre part, et simultanément, en menant une vraie politique de création d'emplois.

Cependant, la valorisation du travail ne peut se suffire d'une revalorisation monétaire. Elle exige que d'autres valeurs soient prises en compte et notamment la participation à une œuvre collective, à l'édification d'un monde juste, durable et beau.

### *Créer des emplois*

Si la course à la compétitivité et la concurrence tuent l'emploi, la reconversion écologique et sociale est créatrice d'emplois. Prendre soin des humains et de la nature, investir dans des projets d'énergie renouvelables, d'agroécologie paysanne, de transports doux, reconvertir les industries polluantes, favoriser les technologies innovantes du *low tech*, sont autant d'occasions de renouveler le sens du travail et de permettre la création de nombreux emplois dont nous avons un besoin urgent pour faire face aux défis auxquels nous sommes confrontés.

*Réduire le temps de travail*

La réduction du temps de travail est un outil central de la bifurcation écologique et solidaire de nos sociétés, car elle peut répartir le travail entre tou.te.s, freiner la course à l'accumulation et favoriser des modes de vie plus harmonieux. Le temps de travail doit donc être réduit sans diminution de salaire et sans intensification du travail, pour lutter contre le chômage, dégager du temps libre pour les activités sociales, culturelles et politiques. La réduction du temps de travail doit permettre d'améliorer l'égalité de genre en favorisant un partage égalitaire du travail domestique et parental et l'égalité entre les générations.

Revivifier les systèmes de protection solidaires suppose avant tout une redéfinition de la richesse et une répartition juste. L'accès à l'éducation pour tous et toutes doit être garanti, comme l'accès à des soins de qualité. Les laboratoires pharmaceutiques méritent d'être placés sous le contrôle de la collectivité (pouvoirs publics, salarié.e.s, professionnels de santé, patients) et la prévention doit devenir la première des priorités. Les retraites permettront aux retraité.e.s de mener une vie longue, digne, libérée du joug salarial, en s'adonnant librement à leurs activités. Le droit opposable à un logement, obtenu par les luttes des sans-logis en particulier avec le DAL, doit s'inscrire enfin dans la réalité: aucune expulsion ne doit intervenir sans solution de relogement durable, les logements vacants doivent être réquisitionnés, l'effort de construction de logements sociaux intensifié. La France ne peut continuer à se déshonorer par sa politique d'expulsion des camps de Roms et le traitement indigne infligé aux sans-papiers et aux réfugiés.

### C'est nécessaire juste après

Refonder le marché du travail, c'est mettre en place une sécurité sociale professionnelle, qui garantit à chacun un revenu correspondant à son niveau de qualification même en cas de chômage ou de formation, comme le demandent la CGT, la FSU ou Solidaires. La reconversion écologique ne peut pas se faire sur le dos des salarié.e.s: ce n'est qu'en garantissant à chacun.e un emploi et un revenu qu'on pourra accompagner le déclin des industries polluantes ou dangereuses et l'essor de nouveaux modes de production industrielle, vers des entreprises à taille humaine et à technologies maîtrisables par les salarié.e.s. Un débat existe dans le mouvement social et dans Attac, concernant la proposition d'un revenu garanti inconditionnel destiné à assurer l'autonomie de chacun.e. Mais la nécessité d'un revenu garanti décent ne fait pas débat.

Alors que les privatisations et la marchandisation continuent de détruire ou d'envahir les services publics, il est essentiel de démarchandiser la terre, la culture, l'enseignement, la recherche, la santé, l'information, les services de la petite enfance et auprès des personnes dépendantes, l'énergie, l'eau et sa distribution, les semences, les transports collectifs. Il s'agit d'en faire des communs, gérés par des communautés dont la taille, du local au national et au global, sera le fruit d'une délibération collective. L'augmentation du pouvoir de vie doit passer avant tout par le développement de la gratuité pour l'accès aux biens fondamentaux.

### Nous pouvons le faire sans attendre : initiatives solidaires !

Nous pouvons, nous devons participer aux luttes sociales qui visent à défendre et revivifier les services publics, les protections sociales, les emplois, le droit du travail, le logement, les droits des femmes, et ceux des migrant.e.s.

La défense de l'emploi est directement en rapport avec la transition écologique : il faut réindustrialiser, pas pour continuer à produire toujours plus de marchandises et de gaspillage dans des industries toujours plus grandes et concentrées, mais pour développer, sur une base la plus locale possible, des technologies propres et économes en énergie, des usages collectifs, des énergies renouvelables, une agriculture paysanne… La défense de la nature, elle aussi, passe par la préservation de l'emploi et des compétences, par la formation ou la reconversion des salarié.e.s. La construction de ces alliances entre salarié.e.s et écologistes défenseurs des écosystèmes est l'une des tâches les plus importantes pour les mouvements sociaux.

En pratique, il existe déjà de nombreuses initiatives concrètes de production et de distribution qui obéissent à des logiques de solidarité et de responsabilité écologique. De plus en plus de salarié.e.s lâché.e.s par leurs patrons se posent la question de reprendre eux-mêmes leur entreprise ; de plus en plus de citoyen.ne.s insatisfaits de la logique capitaliste cherchent à créer des entreprises qui fonctionnent autrement. Avec nos partenaires du Collectif pour la transition citoyenne, nous pouvons soutenir ou participer à la mise en place d'entreprises coopératives, faire connaître les particularités de l'économie sociale et solidaire, inciter nos élu.e.s à soutenir ces initiatives qui ouvrent la voie de la sortie du capitalisme et de sa crise.

VI

# Contre l'oligarchie, étendre et approfondir la démocratie

## Pourquoi ?

Les « démocraties occidentales » se croyaient l'horizon ultime de l'organisation politique. Mais nos systèmes politiques ne parviennent plus à maintenir les apparences. Ils détruisent les conditions d'un vivre-ensemble acceptable pour toutes et tous. Non, la démocratie ne consiste pas à glisser périodiquement un bulletin dans l'urne pour élire un sauveur ou continuer l'alternance du même. Non, la démocratie ne peut pas se conformer aux seuls intérêts des marchés, de la finance et des couches privilégiées au mépris des peuples et de leurs aspirations.

## L'individualisme contre l'individu

Les idéologues de la mondialisation capitaliste ont méticuleusement vidé la démocratie de sa substance tout en y faisant constamment référence pour parer leurs pratiques de ses vertus. Ils continuent à proclamer de beaux principes tels la dignité de la personne humaine, les droits de l'Homme, l'individu souverain en théorie porté au pinacle mais en réalité abandonné à lui-même.

L'idéologie néolibérale sacralise l'autonomie, la responsabilité individuelle et le mérite, mais ne l'exige en vérité que des plus faibles, sans leur en donner les moyens. Le libre épanouissement de l'individualité est nié, rabattu sur l'individualisme négatif, la lutte de tous contre tous, la course à la consommation ostentatoire. L'insécurité sociale est devenue générale, les droits et les solidarités assimilées à des politiques « d'assistance » improductive, les cotisations sociales à des « charges » qu'il importe de réduire le plus vite possible au nom de la sacro-sainte compétitivité.

## Mensongère « démocratie de marché »

Ainsi apparaît la silhouette contemporaine de la « démocratie de marché » qui associe politique-spectacle et soumission au marché. Celui-ci est censé apporter l'harmonie par son auto-régulation spontanée. La culture managériale a envahi toutes les institutions. La gouvernance néolibérale fait de l'espace public non plus le lieu de construction conflictuelle de l'intérêt général et de la souveraineté populaire, mais celui de l'ajustement des comportements et des consciences aux lois du marché.

L'État se défait de ses fonctions sociales pour se recentrer sur ses fonctions régaliennes, de contrôle des populations et de répression des dissidences.

## Associations de malfaiteurs

Le pouvoir est exercé par une technocratie fondée sur une collusion politico-financière. Banquiers nommés Premiers ministres ou ministres de l'Économie, anciens de Goldman Sachs infiltrés dans les allées du pouvoir et jusqu'aux sommets des institutions européennes, « experts » de la pensée unique omniprésents dans les cabinets ministériels et le champ médiatique, ministres et hauts fonctionnaires qui se reconvertissent dans le privé et vice-versa, quand ils n'ont pas des comptes en Suisse ou à Singapour… Des élections « libres » préservent les apparences mais le pouvoir réel est confié à des technocrates et des institutions « indépendantes » qui œuvrent en fait au service exclusif de l'oligarchie.

Dans tout cela le peuple est le grand absent. Or il n'est pas de démocratie sans citoyen.ne.s gouvernant eux-mêmes une communauté politique référée à des principes et à des finalités communes.

## Une Europe sans et contre les peuples

La construction européenne est en premier lieu un projet économique capitaliste. L'Europe sociale est un serpent de mer toujours remis aux calendes… grecques. Les traités ont mis en concurrence les États et les peuples entre eux, construisant une Union non seulement anti-sociale mais anti-démocratique. Ceci n'a été possible que parce que, contrairement à la voix des *lobbies* industriels et financiers, la voix des peuples est inaudible à Bruxelles.

Le pouvoir exécutif a phagocyté les pouvoirs législatif et judiciaire : le Parlement n'a que très peu de pouvoirs, la Commission est constituée des commissaires nommés par les gouvernements des États membres, les Conseils des ministres regroupent les ministres des États membres, la Cour de justice de l'Union Européenne est constituée de magistrats nommés par les gouvernements des États membres. Le pire est qu'au-delà de références rituelles à la cohésion sociale et à la démocratie, les traités font de la concurrence la valeur suprême de ces institutions.

## La démocratie, boussole de l'altermondialisme

Le combat altermondialiste est fondamentalement un combat pour la démocratisation de la société. Il s'agit d'explorer tous les moyens qui permettront aux peuples du monde de retrouver une prise réelle sur leur avenir et la possibilité de choix alternatifs d'organisation sociale.

L'ajustement permanent aux exigences de la finance ne peut plus être imposé aux peuples, ni dans l'Union européenne ni ailleurs. Le déni de démocratie ne peut que mettre la paix en danger : la liberté économique tant vantée par l'idéologie néolibérale crée l'insécurité sociale et la panique identitaire, ouvrant la voie aux politiques sécuritaires à l'intérieur et guerrières à l'extérieur.

La démocratie est au centre de notre projet pour un autre monde ; elle est une pratique politique et citoyenne en construction permanente. Elle est à la fois la fin et le moyen de l'action politique ; elle n'est pas un supplément d'âme, mais, désormais, la condition même de la survie des sociétés humaines.

Dans ce monde où les objectifs de rentabilité et de profit pour un petit nombre déterminent les décisions fondamentales, la question démocratique prend pour nous une place centrale dans la construction d'un autre monde. La crise écologique rend les citoyen.ne.s du monde entier interdépendant.e.s les un.e.s des autres et pousse à l'auto-organisation d'une société civile et d'une communauté politique mondiale.

Mettre la démocratie au poste de commande implique de permettre aux femmes comme aux hommes de prendre toute leur place, en tant que citoyen.ne.s, dans la gestion de leurs affaires, à tous les niveaux : du local, où les décisions sont le plus facile à prendre et à contrôler, au global, où elles sont vitales pour la préservation de l'humanité et des écosystèmes. C'est cette aspiration profonde qui est au cœur de la vague mondiale des mouvements pour la démocratie réelle depuis 2011.

## C'est possible dès demain

La démocratie représentative a dégénéré. La politique est devenue un emploi grassement rémunéré. Elle a été infiltrée par des experts non élus, et réduite à une compétition pour des postes sans vraie différence de projets entre les compétiteurs. Les élus, en grande majorité des hommes blancs provenant de milieux privilégiés, ont échappé au contrôle des électeurs. «Vous ne nous représentez pas», disent les citoyen.ne.s à une classe politique inféodée aux forces de l'argent.

Il y a urgence à séparer l'État et le Medef: tous les dirigeants des grandes banques françaises sont énarques et inspecteurs des finances, comment espérer que l'État – l'Inspection des finances – leur impose ce dont ils ne veulent pas? Il faut en finir avec la confusion des rôles politiques et économiques, et interdire les allers-retours entre haute fonction publique et conseils d'administration de grandes entreprises, ainsi que le lobbying institutionnalisé.

Il n'est plus possible de différer l'interdiction du cumul des mandats et la parité réelle dans les institutions. Ni le droit de vote de tou.te.s les résident.e.s étranger.e.s, condition d'un véritable suffrage universel. L'état d'urgence et la politique de répression de plus en plus brutale et systématique des mouvements sociaux doivent être suspendus sans délai.

Le droit au référendum d'initiative citoyenne doit être établi immédiatement, avec un nombre raisonnable de signatures (500 000 comme en Italie, où en 2011 un référendum a empêché la privatisation de l'eau), pour les thèmes compatibles avec les diverses déclarations des droits humains.

## C'est nécessaire juste après

### *Démocratiser la politique*

En amont de la politique institutionnelle, la délibération démocratique suppose des citoyen.ne.s informé.e.s, donc le droit de tou.te.s à l'éducation, à l'information, à la culture, à des médias indépendants des pouvoirs économiques et des gouvernements. En France six grands patrons détiennent l'essentiel des médias, et le gouvernement fait régner l'ordre idéologique dans l'audiovisuel public. L'État doit au contraire garantir le pluralisme de l'information par des dispositions précises, pour que les citoyen.ne.s puissent se confronter à des opinions diverses et en débattre afin de construire leur choix avant le vote.

L'élection d'un monarque républicain au suffrage universel n'est plus qu'une parodie de démocratie. Il est urgent d'inventer de nouvelles pratiques démocratiques non exclusivement délégataires et conjuguant l'élection avec d'autres modes de désignation des responsables : démocratie directe, tirage au sort, etc. Des propositions sont en débat au sein d'Attac : Conventions et Chambre des citoyen.ne.s tiré.e.s au sort, expérimentation du mandat impératif, modalités d'un processus constituant issu de la société… Les représentant.e.s doivent rendre des comptes, y compris devant des jurys de citoyen.ne.s tirés au sort, destinés à évaluer leur action. Les citoyen.ne.s doivent pouvoir révoquer un.e élu.e qui ne respecte pas ses engagements (référendums révocatoires).

Il faut aussi (ré)inventer la démocratie en Europe. À force d'ignorer et de contourner les peuples, la construction européenne s'est discréditée et va à sa perte. Une Convention européenne représentative des sociétés civiles européennes doit être convoquée pour définir les valeurs, les objectifs et les moyens de la construction d'un avenir commun en Europe. A l'issue des vastes débats publics, une synthèse de ceux-ci servirait de base à la rédaction d'un projet de traité, lui aussi soumis au débat, modifié en conséquence avant d'être soumis à référendum simultanément dans tous les pays de l'Union.

### *Démocratiser le travail et l'économie*

La démocratie doit aussi étendre son champ d'action dans la sphère économique. Face à la dégradation du travail, dans son contenu, sa qualité et ses conditions, les travailleur.se.s veulent reprendre la main sur leur travail. Les comités d'entreprise, élargis aux salarié.e.s des sous-traitants et aux parties intéressées à la vie de l'entreprise, doivent avoir un droit de veto sur les décisions stratégiques en matière d'investissement et d'emploi (délocalisations, licenciements).

Les représentants des salarié.e.s auront une place importante dans les conseils d'administration. Mais le résultat du travail n'est pas l'affaire des seuls travailleuses et travailleurs : nous devons faire reconnaître que le travail est d'abord une activité politique, en ce qu'il détermine ce qu'on produit, comment et pour qui on le produit. C'est pourquoi toutes les parties concernées par l'activité de travail et ses résultats – salarié.e.s, mais aussi usagers, associations, collectivités locales... – devront partager le pouvoir de délibérer et de décider ensemble de la nature et la finalité des productions. La qualité du travail est un enjeu fédérateur, source de pouvoir d'agir pour tou. te.s.

C'est évidemment vrai aussi dans les services publics. On ne peut dissocier la démocratie de l'égalité d'accès aux droits fondamentaux pour toutes et tous : les usagers des services publics et de la sécurité sociale ont le droit de participer aux décisions les concernant. Citoyen.ne.s usagers et salarié.e.s doivent disposer d'une représentation réelle dans les instances de direction, pour garantir un accès de tou.te.s à l'éducation, à la santé, à la culture, aux transports, au logement,... dans des conditions qui prennent en compte les réalités sociales et les attentes diversifiées. Concernant la recherche scientifique, elle doit être libérée des conflits d'intérêts et dégagée des intérêts privés qui l'orientent vers la rentabilité immédiate au détriment des orientations décidées démocratiquement par la société dans sa diversité.

## Nous pouvons le faire sans attendre : démocratie à la base !

Nuit Debout illustre magnifiquement l'aspiration des citoyen.ne.s à se réapproprier concrètement la parole et la politique. Or la plupart de nos élu.e.s sont très réticent.e.s face à tout accroissement du pouvoir de contrôle des citoyen.ne.s. L'accusation de « populisme » fleurit dès qu'on évoque des mécanismes de démocratie directe, ou même dès qu'on critique les mécanismes existants. Mais sans attendre que nos élu.e.s le décident, nous pouvons organiser nous-mêmes des votations citoyennes, des conventions de citoyens, des assemblées populaires dans les quartiers et les lieux de travail, pour débattre ensemble de nos affaires et décider d'actions collectives.

Dans nos associations, nos syndicats, nos organisations, nous pouvons lutter contre ces dominations qui imprègnent les rapports sociaux, par lesquelles les femmes, les peu diplômé.e.s, les immigré.e.s sont exclu.e.s des décisions. Mettons en place les mécanismes qui permettent la participation de chacun.e, la rotation des responsabilités, la prise de parole de tou.te.s, le contrôle des élu.e.s...

Nous pouvons encourager la création et la reprise d'entreprises sous forme de coopératives de travailleurs

(SCOP) ou de Sociétés coopératives d'intérêt collectif (SCIC), par des campagnes de promotion, la pression sur les pouvoirs publics pour faciliter le rachat des parts, l'accompagnement des équipes à la restructuration, le conseil au pilotage. Un droit de préemption doit être attribué aux salarié.e.s voulant reprendre sous ces formes leur entreprise en difficulté.

Il n'y a pas de démocratie sans luttes: Nuit Debout nous montre comment nous réapproprier l'espace public pour y organiser des assemblées populaires, pour y mener nos actions d'éducation populaire, pour y prendre des initiatives culturelles émancipatrices (théâtre forum, conférences gesticulées...), pour y développer des médias indépendants...

Investissons la scène européenne pour renforcer le mouvement social européen, avec le processus d'Altersommet qui rassemble des dizaines d'organisations de la société civile dans toute l'Europe. Nous pouvons avancer dans la construction de solidarités concrètes entre luttes européennes, vers l'élaboration collective d'un «mémorandum des peuples» et d'une vision commune d'une autre Europe fondée sur la démocratie.

Plus globalement, dans la perspective de relations internationales moins inégalitaires, il faut s'appuyer sur des instruments internationaux universels tels que par exemple la Charte des Nations Unies pour défendre la paix et les droits des peuples. Cette charte, bien qu'imparfaite, contribue à la fois au droit à l'autodétermination des peuples et à des relations moins dépendantes du pouvoir des États les plus puissants et des multinationales. Le Forum social mondial, de Tunis à Montréal, confirme la vitalité de l'altermondialisme, sa capacité à se lier aux nouveaux acteurs des luttes, démocratiques, sociales, écologiques… Nous voulons préserver cet espace unique de rencontre, de réflexion et de dialogue de la société civile mondiale. La COP 21 a montré l'émergence d'un mouvement mondial pour la justice climatique, où Attac joue un rôle non négligeable. Avec tous ces mouvements, il nous faut renforcer nos capacités d'action commune face à des enjeux mondiaux qui ne peuvent plus attendre comme la crise climatique, l'instabilité financière, les injustices qui provoquent guerres et migrations forcées…

VII

# Attac, à quoi bon ?

Attac est une association citoyenne enracinée dans le mouvement altermondialiste et indépendante vis-à-vis de la politique partisane. Cela ne l'empêche pas de faire de la politique – au sens de la participation au débat sur les grands choix politiques – mais exclut toute participation à la conquête et à l'exercice du pouvoir.

Attac se fixe pour but de tisser ensemble les luttes sociales et les luttes écologiques car la transition sera à la fois sociale et écologique ou ne sera pas.

De nombreuses associations et syndicats, heureusement, luttent contre l'austérité, les inégalités, le productivisme, pour un égal accès aux droits pour toutes et tous. Au sein du mouvement social, Attac a la particularité de combiner trois choses :

- une cible prioritaire : l'hégémonie de la finance et la marchandisation du monde ;

- un objectif qui est aussi un moyen : la prise de pouvoir des citoyens et des citoyennes sur leur vie, la construction d'une démocratie active à tous les niveaux ;
- une méthode : la construction de convergences entre mouvements sociaux, au sein du mouvement altermondialiste.

Il existe des alternatives : nous ne sommes pas condamné.e.s à subir les ravages de cette mondialisation et le cynisme des élites. Attac, mouvement d'éducation populaire tourné vers l'action, vise à la reconquête des espaces perdus par la démocratie au profit de la finance.

Son enracinement dans le mouvement altermondialiste donne à Attac un rôle de facilitateur d'alliances et de catalyseur de convergences. Cet enracinement l'ouvre à la prise en compte des diversités, des cultures, des histoires, indispensable à la construction d'autres mondes et à la lutte pour l'émancipation, envisagée comme la conquête d'une autonomie individuelle et collective contre toutes les formes de domination : capitalisme, patriarcat, racisme… et contre le productivisme.

## Confirmation et complexité

Le début d'effondrement civilisationnel que nous vivons confirme malheureusement la pertinence des alertes lancées par Attac depuis l'origine. Il souligne la pertinence de notre mot d'ordre fondateur, «Le monde n'est pas une marchandise». Ou plutôt il ne doit plus l'être...

Mais en même temps que notre discours critique de la finance folle et certaines de nos propositions (telle la taxe Tobin) ont trouvé une légitimité, voire une hégémonie dans l'opinion publique, la crise a dramatiquement accentué les dégâts initiés par trois décennies de néolibéralisme. On voit s'aggraver toutes les figures de l'inégalité, de la pauvreté, de l'intolérance et de la xénophobie, les replis et les concurrences de toutes sortes, les résignations et les découragements. L'égalité entre les femmes et les hommes, qui avait connu de grandes avancées, fait du surplace et même régresse dans certains domaines. Ces dislocations sociales freinent la possibilité de mobilisations massives et convergentes, et permettent aux gouvernements de se soumettre toujours plus aux injonctions de la finance.

## Crises et renouveaux du mouvement social

L'hégémonie du néolibéralisme a entraîné la capitulation de la gauche sociale-démocrate et sa conversion à un social-libéralisme de plus en plus libéral et de moins en moins social. Les responsables politiques ont renoncé à défendre les compromis sociaux obtenus après la Seconde Guerre mondiale. Les promesses, pourtant modestes, du candidat Hollande sur la régulation de la finance, l'emploi, la transition écologique, sont passées à la trappe. Si en Europe du Sud, des formations politiques nouvelles ont émergé des luttes sociales, ce n'est pas encore le cas en France. L'absence d'alternative aboutit à différentes formes de souffrance poussant au repli individuel, à un rejet de l'action politique ou à une montée des extrémismes nationalistes ou religieux. Le syndicalisme a été ébranlé par le chômage, la précarité, les offensives permanentes du patronat et des gouvernements, et se trouve de plus en plus divisé entre un courant d'accompagnement de la logique néolibérale et un courant de résistance. Au cours des années 1990 et 2000, des organisations sont apparues qui ont permis de commencer à donner une voix aux sans-voix, dans les luttes pour le droit au logement, à l'emploi, au revenu, aux papiers...

De nouveaux mouvements contestataires ont émergé depuis 2011 dans le monde, dans la foulée des révolutions arabes. Ils traduisent le sursaut des peuples qui souffrent le plus de la crise ; ils expriment le rejet de la classe politique et une méfiance par rapport aux organisations instituées ; ils rejettent les formes de la représentation politique et font une large référence à la démocratie directe qui ouvre la question du contrôle citoyen et de la participation effective aux décisions politiques.

Plus récemment encore, les mobilisations contre le changement climatique, les grands projets inutiles (barrages, aéroports, autoroutes, centre commerciaux...) et l'extractivisme ont pris une dimension nouvelle :

profondément ancrées dans des territoires, ces luttes dessinent un réseau de résistances multiples et d'expérimentations, un « Blockadia » qui remporte des victoires importantes comme pour l'oléoduc Keystone aux USA ou les gaz de schiste en France.

Attac se situe au carrefour de toutes ces luttes, et vise à les relier, à les aider à se féconder mutuellement : car face au capitalisme financier, les causes sociales, écologiques et démocratiques ne pourront avancer qu'en se reliant les unes aux autres.

Il est d'ailleurs notable que les femmes jouent un rôle majeur dans toutes ces mobilisations. Leur relégation dans la sphère domestique a longtemps été et demeure une entrave majeure à la participation politique et donc à la démocratie réelle. La lutte pour le partage des tâches n'est pas une affaire privée, mais relève bien du politique. L'oppression des femmes recoupe et redouble tous les rapports de domination contre lesquels lutte Attac. Dépasser la crise dans une perspective émancipatrice nécessite de combattre simultanément les injustices économiques et écologiques et les inégalités de genre. Lutter contre l'oppression des femmes est un objectif en soi, mais aussi un moyen pour changer en profondeur la société.

## Racisme et discriminations, dernier recours de l'oligarchie

Ayant renoncé à servir les intérêts des citoyen.ne.s, les élites politiques cherchent des sources de légitimité alternatives dans la stigmatisation de «l'autre», comme dans la plupart des graves crises sociales. Il s'agit de focaliser le débat public non pas sur les inégalités sociales ou les urgences écologiques, qui menacent réellement la cohésion et la survie des communautés politiques, mais sur les identités ethniques et nationales qui offrent une promesse – bien illusoire – de convivialité et de solidarité. Ce discours nauséabond s'accompagne de l'éloge de l'autorité, du chef, et trouve un écho dans des populations désorientées et insécurisées par la mondialisation néolibérale. Dans ce contexte tendu, islamophobie et antisémitisme se renforcent mutuellement. Les citoyen.ne.s d'origine musulmane, déjà victimes de discriminations quotidiennes, sont désigné.e.s comme des terroristes potentiels et stigmatisé.e.s par le débat ranci sur la déchéance de nationalité. L'absence de toute perspective, le soutien inconditionnel de la France à Israël et ses interventions militaires au Moyen-Orient ou en Afrique en amènent certains à l'antisémitisme, et parfois au djihadisme.

Face à cela, il faut maintenir plus que jamais les exigences d'égalité des droits, de refus des discriminations et des stigmatisations. Réaffirmer que les adversaires de l'ouvrier ou de la caissière français.e ne sont pas ses collègues maghrébins ou ses homologues chinois, mais les actionnaires français ou étrangers. Qu'on ne trouvera aucune issue à la crise écologique et à la destruction des écosystèmes, ni à la crise sociale, dans l'affrontement avec les autres peuples, bien au contraire. Les associations et mouvements antiracistes, de sans-papiers, de défense des droits humains, et les collectifs unitaires comme « Stop État d'urgence » et « Nous ne céderons pas » jouent un rôle majeur dans cette lutte idéologique décisive.

## Faire converger résistances et alternatives

Nous l'avons dit, la transition sociale et écologique a commencé, avec de multiples initiatives locales et concrètes porteuses d'alternatives. Mais les expérimentations (et les expérimentateurs…) ne peuvent se contenter de leurs succès locaux sans se sentir parties prenantes d'un projet de transformation plus globale.

Pour Attac, l'essor des pratiques alternatives et le développement des luttes de résistance sont indissociables. Les premières donnent la preuve que d'autres logiques, d'autres rapports sociaux sont possibles, ce qui ne peut que renforcer la légitimité des secondes. Résister se justifie pleinement dès lors que les expérimentations alternatives apportent la preuve tangible que cet ordre actuel des choses n'est ni le seul possible, ni le meilleur. Dans la conjoncture historique où nous nous trouvons, il importe de construire ensemble et d'articuler les actes de la résistance et ceux de l'expérimentation alternative. Nous affirmons ainsi la perspective d'une transformation sociale qui commence antérieurement à (mais pas pour autant indépendamment de) l'accession au pouvoir d'État.

Articuler résistance et alternative suppose par exemple que le mouvement syndical qui résiste au néolibéralisme «reconnaisse» le mouvement de l'économie alternative comme partenaire de pensée et d'action. Et à l'inverse, que l'économie solidaire «reconnaisse» dans le syndicalisme de lutte une condition majeure de sa propre extension. Ou encore que l'un et l'autre «reconnaissent» que les municipalités qui engagent des pratiques alternatives (par exemple autour du thème de la gratuité) contribuent à donner du sens aux luttes de résistance de l'un et confortent les expérimentations de l'autre…

Aujourd'hui la lutte contre l'aéroport de Notre-Dame des Landes constitue un formidable lieu de résistance et de construction d'alternatives: procès du productivisme et de la confiscation anti-démocratique des décisions par des élu.e.s locaux et des multinationales, cette lutte construit aussi au quotidien des rapports sociaux nouveaux, de nouvelles façons solidaires de produire et de vivre ensemble et avec la nature, un nouvel imaginaire social. La préparation de la COP 21 a vu l'essor (auquel Attac a contribué) du mouvement Alternatiba[1], qui a tenu

1. *Alternativez-vous!* Éditions Les liens qui libèrent, 2015.

plus de 100 villages des alternatives dans toute la France et un Village mondial à Montreuil lors de la COP 21. Comme Attac, ce mouvement affirme vouloir « marcher sur deux jambes, celles des alternatives et des propositions d'une part, et de la non-coopération et de l'action non-violente d'autre part ».

## Attac, creuset altermondialiste

L'altermondialisme vise à faciliter les convergences et les coopérations entre mouvements autour d'un objectif commun, l'accès aux droits pour toutes et tous. Ceci inclut les droits économiques, sociaux et culturels ; les droits des femmes contre l'oppression séculaire ; les droits environnementaux ; les droits des peuples ; les droits civils et politiques, contre l'oppression et les discriminations.

La domination sans partage de la finance est à l'origine de violations sans cesse plus nombreuses de tous ces droits fondamentaux. C'est pourquoi Attac se situe à l'interface de ces différents terrains de lutte.

Même si l'hégémonie intellectuelle et morale du néolibéralisme est très affaiblie, le mouvement social et citoyen demeure dispersé et ses composantes ont souvent tendance à se replier sur leurs terrains de lutte respectifs. Il est difficile de coordonner ou de faire converger ces luttes, au plan local, national, européen ou mondial. Partout où elle existe, au niveau mondial, européen, national et local, Attac a vocation à favoriser la construction d'un fonds commun du mouvement social et citoyen. En Europe ou au Québec, Attac aide au rapprochement, parfois difficile, entre les nouveaux acteurs des mouvements Indignés ou Occupy et les mouvements plus traditionnels. C'est en favorisant la convergence des mouvements syndicaux, paysans, des « sans », féministes, écologistes, de défense des droits de l'Homme, pour une économie sociale et solidaire, des associations de solidarité internationale, qu'Attac et le mouvement alter mondialiste peuvent jouer ce rôle de ferment et de catalyseur.

## La politique, mais autrement

Attac est une association citoyenne qui fait de la politique autrement. Nous faisons de la politique parce que nous intervenons dans le débat citoyen pour proposer d'autres modes d'organisation de la société. Nous faisons de la politique parce que nous mobilisons les citoyen.ne.s pour porter des revendications et des projets auprès des décideurs. Nous faisons de la politique parce que nous promouvons l'auto-organisation citoyenne pour changer les rapports sociaux par en bas.

Mais nous faisons de la politique autrement, parce que nous ne participons pas à la compétition électorale et ne cherchons pas à exercer du pouvoir dans les institutions. Nous sommes acteurs dans le champ politique, qui n'est pas le domaine réservé des partis. Notre rôle est celui d'un aiguillon, d'un contre-pouvoir, d'un outil au service des citoyen.ne.s pour contribuer à leur pouvoir d'agir, renforcer leur contrôle sur les institutions.

Dans la bataille des idées, Attac vise à repérer et souligner les problématiques clées de la situation telles que la démocratie, les communs, la transition sociale et écologique. Nous nous inscrivons dans cette recherche de l'autonomie individuelle et collective qui nous vient de la Grèce antique et des Lumières. Mais nous y intégrons pleinement les apports du féminisme, de l'écologie politique et des luttes des peuples indigènes pour le « bien-vivre ». Et nous rompons clairement avec l'idéologie de la croissance, de l'accumulation et du progrès technique conçus comme les clés du bonheur humain et comme les solutions face à l'effondrement en cours. Nous voulons contribuer à l'émergence d'une pensée de l'émancipation qui tienne compte de la nécessaire auto-limitation de l'action humaine face à un monde fini.

## Ce que nous faisons au quotidien

Les luttes d'Attac se situent dans des temporalités différentes : l'effondrement en cours impose de prendre en compte l'urgence des situations ; la perspective d'un dépassement du capitalisme demande la construction d'espaces de transformation radicale s'inscrivant dans la durée.

Les 150 comités locaux d'Attac présents dans toute la France mènent une activité permanente d'éducation populaire par des réunions publiques, des actions et du théâtre de rue, la diffusion de documents, la présentation de films, de pièces de théâtre comme le Tribunal populaire des banques (avec la compagnie Naje), de conférences gesticulées. Les comités locaux sont engagés dans de nombreuses luttes : pour l'eau comme bien commun ; contre les licenciements et la précarisation du salariat ; contre les grands projets inutiles, les gaz de schiste, l'extractivisme ; contre les accords de libre-échange, pour un commerce équitable (avec Artisans du Monde) et une économie et une finance solidaires (avec la Nef) ; contre les OGM et pour l'agriculture paysanne (avec la Confédération paysanne) ; pour les droits des sans (sans logis avec le DAL, sans-travail avec le MNCP, AC !, sans papiers avec Droits Devants et les collectifs…) ; contre les dominations et en particulier celle des femmes, avec la Cadac ou le Collectif national pour les droits des femmes…

Ces combats, Attac France les relaie dans ses campagnes nationales permanentes (voir www.france.attac.org) : tracts, affiches, vidéos, petits guides des bobards, livres, actions symboliques, nous multiplions les supports pour mettre nos propositions en débat et peser sur les politiques. Nous menons des actions de désobéissance civique comme les fauchages de chaises dans les banques, les blocages de sommets et réunions de pollueurs, banquiers et multinationales, les occupations de places ou de lieux symboliques…

*Attac, à quoi bon ?*

Avec son réseau international Attac se mobilise autour de problématiques mondiales : eau, climat, justice sociale, libre échange, relocalisation... Attac joue un rôle important dans la préparation du Forum Social Mondial. Notre vocation est de mettre en relation permanente les luttes locales et globales. Car ce système mondialisé colonise toutes les sphères de la société, et les pratiques alternatives qui surgissent de partout ont besoin de cohérence et de coordination pour espérer un jour définir un nouveau modèle de développement. Nous irons dans le mur si nous ne bifurquons pas, ensemble, vite.

**Attac** est une association financée par ses adhérent.e.s et animée par ses militant.e.s.

**Elle se mobilise** contre l'hégémonie de la finance et la marchandisation du monde ; pour la prise de pouvoir par les citoyennes et les citoyens sur leur vie, la construction d'une démocratie active et pour la construction de convergences entre mouvements sociaux, au sein du mouvement altermondialiste.

**Il existe des alternatives,** pour une transition vers une société solidaire et respectueuse de la nature. Nous ne sommes pas condamné.e.s à subir les ravages de cette mondialisation et le cynisme des élites.

**Attac est un mouvement** d'éducation populaire tourné vers l'action citoyenne.

# Passez à l'Attac !

bulletin d'adhésion à renvoyer
avec votre réglement à :
**Attac - service adhésions**
**21 ter, rue Voltaire 75011 Paris**

| | |
|---|---|
| prénom | femme / homme |
| nom | |
| date de naissance / / | tél. |
| adresse électronique | |
| adresse | |
| code postal | ville |

J'adhère et verse pour l'année civile un montant de :

| tranches de revenus mensuel<br>à titre indicatif | montant de la cotisation<br>abonnement à Lignes d'Attac inclus |
|---|---|
| 0 à 450€ | 13€ |
| 450 à 900€ | 21€ |
| 900 à 1200€ | 35€ |
| 1200 à 1600€ | 48€ |
| 1600 à 2300€ | 65€ |
| 2300 à 3000€ | 84€ |
| 3000 à 4000€ | 120€ |
| au delà de 4000€ | 160€ |
| je verse en plus un don de | € |

Chèque à l'ordre d'Attac.

Je ne souhaite pas que ces renseignements soient communiqués au comité d'Attac de ma ville ou département. Que vous cochiez ou non cette case, ces renseignements ne seront diffusés à aucune autre association. Elles font l'objet d'un traitement informatiques et sont destinées au secrétariat d'Attac.
En application de l'article 34 de la loi du 6 janvier 1978, vous bénéficiez d'un droit d'accès et de rectification aux informations qui vous concernent. Si vous souhaitez exercer ce droit, veuillez vous adresser au siège d'Attac France.

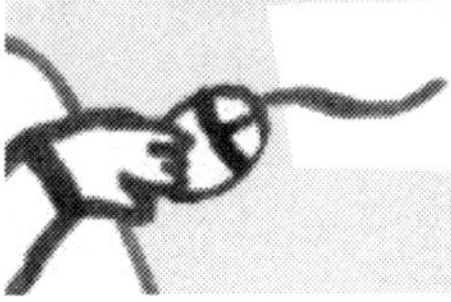

Vous pouvez également adhérer en ligne :
www.france.attac.org/se-mobiliser-avec-attac

Achevé d'imprimer en mai 2016
par Normandie Roto Impression à Lonrai
Dépôt légal : juin 2016
N° impr :1601104
*Imprimé en France*